# 에디슨의 미디어 교실

## 에디슨의 미디어 교실 – 미디어의 올바른 역할은 무엇일까?

초판 제1쇄 발행일 2017년 4월 25일
초판 제8쇄 발행일 2022년 3월 15일
기획·글 신연호 그림 황정하
발행인 윤호권 발행처 (주)시공사 주소 서울시 성동구 상원1길 22
전화 문의 02-2046-2800
홈페이지 www.sigongsa.com / www.sigongjunior.com

ⓒ 신연호·황정하, 2017

이 책의 출판권은 (주)시공사에 있습니다.
저작권법에 의해 보호를 받는 저작물이므로, 무단 전재와 무단 복제를 금합니다.

ISBN 978-89-527-8535-0 74100
ISBN 978-89-527-8247-2 (세트)

홈페이지 회원으로 가입하시면 다양한 혜택이 주어집니다.
잘못 만들어진 책은 구입하신 곳에서 바꾸어 드립니다.

*사진 자료 제공

89쪽 갑골 문자(BabelStone, CC-BY-SA 3.0), 92쪽 **Regency TR-1**(Cmglee, CC-BY-SA 3.0), 94쪽 **RCA_630-TS**(Fletcher6, CC-BY-SA 3.0), 100쪽 라디오를 나눠 주는 나치(Bundesarchiv, Bild 183-H14281 / Nau, CC-BY-SA 3.0), 연설하는 괴벨스(Bundesarchiv, Bild 102-17049 / Georg Pahl, CC-BY-SA 3.0), 106쪽 포트휴런에 있는 에디슨 동상(Matthew Gordon, CC-BY-SA 3.0), 107쪽 포노그래프(Norman Bruderhofer, CC-BY-SA 3.0), 108쪽 시네마토그래프(Victorgrigas, CC-BY-SA 4.0) 위키미디어 공용

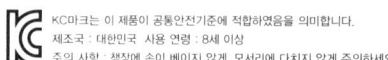

KC마크는 이 제품이 공통안전기준에 적합하였음을 의미합니다.
제조국 : 대한민국 사용 연령 : 8세 이상
주의 사항 : 책장에 손이 베이지 않게, 모서리에 다치지 않게 주의하세요.

## 수상한 인문학 교실

# 에디슨의 미디어 교실

미디어의 올바른 역할은 무엇일까?

신연호 글 | 황정하 그림

시공주니어

## 작가의 말

　1938년 10월 30일 저녁, 라디오를 듣던 미국 사람들은 갑작스런 뉴스에 깜짝 놀랐어요.
　"임시 뉴스입니다. 화성인이 지구를 침공했습니다. 시민 여러분은 즉시 대피하시기 바랍니다."
　당장 큰 소동이 일어났어요. 피신하려고 짐을 싸는 사람, 총을 챙기는 사람, 소방서와 경찰서에 전화를 하는 사람들로 온 나라가 혼란스러웠어요.
　사실 이 뉴스는 실제가 아니라 드라마 '화성인의 침공'에 나오는 내용이었어요. 드라마를 방송하기 전에 꾸민 이야기니 놀라지 말라고 몇 번이나 안내했지만, 중간부터 들은 사람들이 사실로 믿어 버렸어요. 긴박감을 주려고 드라마를 새롭게 만들었기 때문에 깜빡 속을 수밖에 없었다고 해요.
　저는 이 이야기를 책에서 읽고 여러 가지 생각을 했어요.

'1930년대에는 라디오를 듣는 사람이 많았네.'

'드라마를 얼마나 잘 만들었기에 모두 깜빡 속아 넘어가지?'

그리고 또 하나는 '미디어는 정말 힘이 세군. 놀라워.'였어요.

미디어는 사람들이 서로의 의견을 잘 전하기 위해 이용하는 도구나 방법을 가리키는 말이에요. 신문, 책, 라디오, 텔레비전, 인터넷 같은 것이 우리 주변에서 쉽게 찾을 수 있는 미디어예요. 물론 이 밖에도 미디어의 종류는 무궁무진하답니다. 미디어는 '화성인의 침공' 사례에서 알 수 있듯이 영향력이 매우 커요. 빠르게 퍼지면서 사람들로 하여금 사실로 믿게 만드는 힘이 있어요. 우리는 이렇게 힘센 미디어와 매 순간 함께하고 있습니다. 그리고 이렇듯 힘센 미디어를 우리가 직접 만들어 내기도 하지요.

힘이 센 것은 마구 사용하면 곤란해요. 제대로 쓰면 여러 사람에게 도움이 되지만 잘못 쓰면 혼란과 피해를 줄 수도 있으니까요. 힘센 영웅이 나쁜 마음을 먹으면 악당이 되는 것과 마찬가지라고나 할까요?

그러니 영향력이 큰 미디어는 제대로 또 조심해서 이용하기로 해요. 미디어를 어떻게 이용하는 것이 '제대로'인지는 에디슨이 알려 준다고 해요. 지금 당장 수상한 인문학 교실의 문을 힘껏 열고 에디슨과 만나 보세요.

신연호

# 차례

작가의 말 · 4

등장인물 · 8

1. 광개토반 쓰레기 0 7 호 · 11

2. 특별한 비밀 교실의 앨 · 23

3. 주간 헤럴드 기자 오건하 · 34

4. 건하가 잡은 특종 · 48

5. 소문 캐는 폴 프라이 · 59

6. 왜 그랬냐 하면 · 75

### 교실지기의 특별 수업

미디어의 세계사 · 86

책 속 인물, 책 속 사건 · 104

생각이 자라는 인문학 · 110

## 이 책에 등장하는 수상한 인물들을 소개합니다! ▼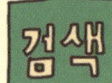

### 고구려 초등학교 3학년 광개토반

가정 통신문

비밀 게시판

**오건하**
평범하고 무던한 고구려 초등학교 3학년생. 어느 날 갑자기 아무런 이유 없이 반 카페 비밀 게시판에서 '쓰레기'로 몰렸다. 정말 아무 이유 없는 걸까?

### 교실지기
건하에게 '특별한 비밀 카드'를 건네준 사람. 방송국 카메라와 '뭐든지 잘하고 다 아는 매우 멋진 교실지기'라고 쓰인 명함을 갖고 다니지만 뭘 하는 사람인지는 아무도 모른다.

### 앨
기차에서 사탕도 팔고 신문도 팔고 실험도 하고 신문도 만들고, 재미있는 얘기도 잘하는 소년. 과연 앨의 정체는 무엇일까?

### 빌
앨의 친구. 건하에게 민혁이 있다면 앨에게는 빌이 있다. 앨을 진심으로 걱정하며 돕고 싶어 하는데 제대로 돕고 있는 걸까?

### 강민혁
건하에게 사건의 전말을 알려 주는 제법 의리 있는 친구. 건하에게 알려 준 사건의 진실은?

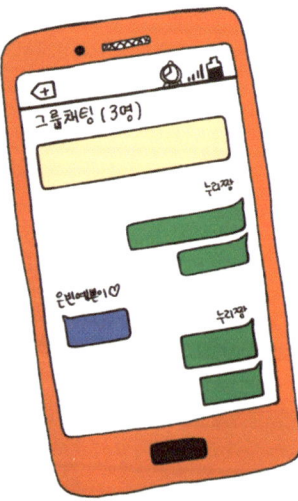

# 1. 광개토반 쓰레기 ㅇㄱㅎ

금요일 밤. 고구려 초등학교 3학년 광개토반 인터넷 카페에 새 글이 올라왔다. 제목인 '쓰레기 고발장'을 누르면 이런 글이 나왔다.

**쓰레기 고발장**　　　　　　　　　　　　　2017.03.03

친구 폰 훔쳐서 엉뚱한 집으로 짜장면 배달시킨 너.
강산 아파트 돌면서 택배 훔치는 것도 봤어.
반달 공원 앞에 있는 길 고양이 급식소에 돌도 던졌지?
길 고양이들도 너만 보면 도망쳐.
쓰레기 중의 쓰레기.

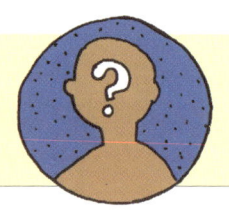

광개토반 여러분! 이 쓰레기가 누군지 궁금한가요?
이름은 며칠 뒤에 공개!

글은 비밀 게시판에 올라왔다. 쓴 사람이 누구인지 알 수 없다는 뜻이다. 그동안은 비밀 게시판이 있으나 마나였다. '오늘 급식 맛없어'나 '숙제 너무 많다'와 같은 글이 서너 개 올라왔을 뿐이다. 그렇게 조용하던 게시판에 갑자기 '쓰레기 고발장'이 올라온 것이다.

글을 가장 먼저 읽은 사람은 정누리였다. 누리는 가정 통신문을 보려고 반 카페에 들어갔다가 비밀 게시판에 올라온 새 글을 발견하고 마우스를 딸깍 눌렀다. 누리는 친한 친구들끼리 만든 휴대폰 채팅방에 소문을 냈다.

누리짱
우리 반 카페에 이상한 글 올라옴. 본 사람 없어?

은빈예쁜이♡
무슨 글?

누리짱
일단 읽어 봐. 완전 대박!

소식은 쏜살같이 퍼졌다. 단체 채팅방에 있던 친구 셋이 쓰레기 고발장 글을 읽고, 휴대폰으로 여기저기 소문을 냈다. 쓰레기 고발장에 댓글이 주르르 달렸다.

토요일 아침에는 더 많은 댓글이 나타났다. 그 가운데 눈길을 끄는 것이 있었다.

> 쓰레기는 바로 ㅇㄱㅎ
> └ ㅇㄱㅎ? 그게 누구야?
> └ 이응 기역 히읗. 아니면 이기히. ㅋㅋㅋ
> └ 우리 반에 그런 이름도 있어?
> └ 바보. 이름에서 모음만 따온 거잖아. 우리 선생님도 ㅇㄱㅎ이야.
> └ 모르면 입 닥쳐라. 선생님 이름은 이성혜인데 어떻게 ㅇㄱㅎ이냐?
> └ 야! 선생님이 카페에서 나쁜 말 쓰면 벌점 준댔어. 너 선생님한테 말한다.
> └ 말하든가. 내가 누군지 알고?
> └ 너 누구야? 당장 말해!
> └ 너 같으면 누구라고 말하겠냐? 이 멍청아.

얼굴 없는 사람들이 댓글을 앞에 내세워 거칠게 싸우고 있었다. 그 싸움을 말린 것은 토요일 밤에 나타난 또 다른 댓글이었다.

> 얘들아아아~~~. 알아냈어. 한 사람밖에 없어.
> └ 누구??
> └ 우리 반에 ㅇㄱㅎ은 오건하뿐이야. 연습장에 애들 이름 다 써 봤어.
> └ 진짜 오건하?
> └ 그럴 줄 알았어. 난 작년에 오건하가 1학년 돈 빼앗는 것도 봤어.
> └ 내 급식에 지우개똥도 넣었어. 오건하는 정말 쓰레기야.

민혁이는 일요일 오전에 카페에 들어갔다가 눈이 탁구공만 해졌다. 민혁이는 건하의 가장 친한 친구였다. 민혁이가 건하에게 전화를 걸었다.

"오건하, 너 반 카페에 언제 들어갔었어?"

"카페? 금요일. 아니, 목! 목요일. 금요일에는 안 들어갔어."

"어휴, 그럼 아무것도 모르겠구나. 지금 카페에 난리 났어."

"난리? 풉."

건하가 웃음을 터트렸다. 민혁이가 한심하다는 듯이 말했다.

"뭐가 웃기다고 웃어? 비밀 게시판에 오건하 네가 쓰레기라고 소문났는데."

"쓰레기? 그게 어떻게……."

건하는 떨려서 뒷말을 잇지 못했다. 민혁이가 한숨을 쉬더니 비밀 게시판 이야기를 빠짐없이 들려주었다. 마지막에는 이렇게 물었다.

"오건하, 너 강산 아파트 택배 훔친 적 있어?"

"내가 그런 짓을 왜 해?"

건하가 소리를 빽 질렀다. 그 바람에 방문을 연 아빠의 얼굴과 마주쳐야 했다. 건하는 서둘러 전화를 끊고 집 밖으로 나왔다. 안 그러면 아빠가 꼬치꼬치 캐물을 게 뻔했다. 무슨 일이냐, 누가 괴롭히느냐, 당하지 말고 말해야 한다. 말해라, 말…….

아빠는 회사에 나가지 않고 집에서 일을 하는데 건하와 마주치기만 하면 잔소리를 했다. 엄마가 다른 도시의 건축 현장으로 출장을 간 뒤에는 잔소리가 더 심해졌다. 어디서 잔소리하기 자격증이라도 받아 온 모양이었다.

건하는 집을 나와 반달 공원으로 갔다. 댓글을 직접 확인하고 싶었지만 휴대폰이 없었다. 아빠의 잔소리를 피해 서둘러 나오느라 챙기지 못한 것이다. 건하는 공원 바닥에 털썩 주저앉았다.

'도대체 누구야? 누가 댓글에 내 이름을 쓴 거야?'

건하는 짐작 가는 사람이 없었다. 그동안 누구에게 미움받을 일도 하지 않았고 얕보여서 놀림을 받은 일도 없었다.

'혹시 누가 사정을 다 알고? 아니야. 그럴 리 없어.'

건하는 혼자 묻고 혼자 대답하며 두 손으로 머리를 감싸 쥐었다.

"어디 아파?"

누군가 말을 걸어오기에 고개를 들었다. 방송 카메라가 먼저 눈에 들어왔다. 그 카메라를 손에 든 아저씨가 건하를 걱정스레 내려다보고 있었다.

"안 아파요."

건하가 퉁명스레 대답했지만 아저씨는 물러나지 않았다.

"몸은 안 아픈지 몰라도 여기하고 여기가 아픈 거 같은데."

아저씨가 자기 가슴과 머리를 손가락으로 톡톡 두드렸다.

"……."

"무슨 일인지 말해 봐. 내가 도움이 될지도 모르잖아."

건하는 아저씨를 살폈다. 손에 든 카메라에 '수상한 인문학 교실'이라는 스티커가 붙어 있었다. 아저씨가 쓰고 있는 모자에도 크기는 다르지만 모양이 같은 스티커가 붙어 있었다. 아저씨는 "아, 참!" 하더니 주머니를 뒤적여 구겨진 명함을 한 장 꺼냈다.

'교실지기? 학교 문제를 촬영하는 아저씨인가? 그렇다면 혹시 내 얘기도…….'

건하는 명함과 아저씨를 번갈아 보았다. 아저씨가 싱긋 웃으며 건하 옆에 앉았다. 건하는 어쩐지 마음이 놓였다. 아저씨가 방송국에서 일하는 것도, 무슨 교실지기라는 것도 믿음이 갔다. 그런 어른이 자기 이야기를 들어 준다니 사막에서 낙타를 만난 것처럼 든든했다. 건하는 이제까지의 일을 하소연하듯이 털어놓았다.

"저런. 무척 억울하겠구나. 쓰레기 고발장인가 뭔가 그런 글은 처음부터 올라오지 말았어야 하는데. 그렇지?"

건하가 고개를 세게 끄덕였다.

"아! 맞다. 원래 글을 지우면…… 아니 그러니까 쓴 사람한테 지우라고 해 볼까요? 그럼 댓글도 다 없어지잖아요."

"누가 썼는지 모른다면서 지우라는 말은 누구한테 하려고?"

"아, 그렇네."

"내 생각엔 네가 그런 일을 하지 않았다는 걸 밝히는 게 먼저인 것 같은데. 그렇지 않으면 글을 지워도 누명을 벗기 어려울 거야."

"그걸 어떻게 밝혀요?"

"해명 글을 쓰는 건 어때? 난 그런 사람이 절대 아니다, 이렇게 말이야."

"애들이 믿겠어요? ㅇㄱㅎ 댓글을 쓴 애가 말해 주면 모를까."

"그럼 댓글 쓴 사람을 찾아내면 되겠네."

"아저씨도 참. 비밀 게시판이라고 했잖아요. 그게 누군지 알면 제가 왜 이러고 있겠어요?"

"나에게 좋은 방법이 있지."

교실지기가 자신만만하게 말하며 명함 크기만 한 플라스틱 카드를 꺼냈다.

"이건 특별한 비밀 카드야. ㅇㄱㅎ 댓글을 쓴 사람의 이름이 나타나는 카드."

건하는 카드를 빼앗다시피 받아 들고 살폈다. 그런데 이름은커녕 글씨에서 떨어져 나온 검은색 점조차 없었다. 뒷면도 마찬가지였다. 그냥 하얀색 플라스틱 카드일 뿐이었다.

"아무 글씨도 없잖아요."

"글씨가 쓰여 있으면 특별한 비밀 카드가 아니지. 나타나게 만들어야 해."

"어떻게요?"

"특별한 비밀 교실에 가서 앨이라는 친구를 도와줘. 진심으로! 진실에 접근하면서! 그러면 카드에 댓글 쓴 사람의 이름이 조금씩 나타날 거야."

"와! 정말요? 진짜 신기한 카드네요."

어두웠던 건하의 마음에 전구가 열 개쯤 켜졌다. 건하는 셔츠 주머니에 카드를 넣고는 엉덩이를 툭툭 털며 일어났다.

"어디로 가면 돼요?"

"서두르지 않아도 돼. 좀 더 생각해 봐."

"생각할 틈이 어디 있어요? 내일 당장 학교에 가야 하는데. 빨리 알아내야 해요."

건하가 교실지기에게 손을 내밀었다. 교실지기가 건하의 손을 잡고 영차 소리를 내며 일어났다. 건하는 교실지기를 따라 방송국 승합차에 올랐다.

## 2. 특별한 비밀 교실의 말

 차가 학교 뒤쪽으로 난 좁은 길을 달렸다. 한참을 달려온 차가 속도를 늦추었다. 키 큰 나무들이 한 줄로 늘어서서 앞을 가로막고 있었다. 숲이 시작되는 곳인가 보았다.
 "특별한 비밀 교실로 들어간다!"
 앞이 가로막혔는데 어디로 간다는 것인지 물을 틈도 없었다. 교실지기는 붕 소리가 나도록 차의 속도를 높이더니 나무를 향해 돌진했다. 건하의 눈이 반사적으로 꾹 감겼다.
 '쾅! 우지끈!'

이런 소리가 나야 마땅했다. 그런데 조용했다. 건하가 살며시 눈을 뜨며 창 쪽으로 고개를 돌렸다. 초록색 터널이었다. 벽도, 천장도, 차가 달리는 길마저 온통 초록색인 터널. 바람의 저항이 없어서인지 차는 더 부드럽게 달렸다.

"끼익."

자동차가 갑자기 멈추는 바람에 건하의 몸이 앞으로 쏠렸다.

"미안! 길을 지나쳤어. 이 터널만 오면 헷갈린단 말이야."

교실지기는 차를 뒤로 달리게 했다. "10, 9, 8……." 하며 숫자를 거꾸로 세더니 0과 함께 차를 세웠다.

"다 왔다. 여기가 특별한 비밀 교실로 가는 출입구야."

교실지기가 손가락으로 창밖을 가리켰지만 문 같은 것은 없었다. 건하의 눈에는 초록색 벽만 보였다. 차가 처음에 섰던 곳과 뒤로 와서 서 있는 지금 이곳이 어떻게 다른지도 알 수 없었다.

"저 벽에 특별한 비밀 문이 있어. 손으로 더듬으면 손잡이가 나올 거야. 그걸 힘껏 당겨 열고 들어가면 돼."

"저 혼자서요?"

"응. 내가 미리 손을 써 놨으니까 큰 문제는 없을 거야."

"돌아올 때는 어떻게 해요?"

"내가 데리러 갈게. 카드의 이름을 읽게 되는 날, 네가 있는 곳으로 갈 거야."

건하는 믿었다. 터널 한가운데 비밀 문이 있다는 것도, 카드의 이름을 읽게 되면 교실지기가 데리러 온다는 것도. 건하는 자동차에서 내려 초록 벽을 더듬었다. 볼록 튀어나온 손잡이가 잡혔다. 비밀의 문이었다. 건하는 손잡이를 꽉 잡고 문을 힘껏 당겼다.

"어이쿠, 깜짝이야. 난 앨인 줄 알았네."

 갈색 턱수염이 텁수룩한 아저씨가 가슴을 쓸어내렸다. 턱수염 아저씨와 함께 있던 사람들이 건하를 힐끗 보았다.

 "이 사람도 참. 기차가 안 왔는데 앨이 어떻게 들어와?"

 지팡이를 든 아저씨가 턱수염 아저씨에게 핀잔을 주었다.

 "그러니까 놀랐지. 기차도 안 왔는데 앨이 온 줄 알고."

 건하는 앨을 도와주라고 했던 교실지기의 말이 떠올랐다. 초록색 터널에서 열었던 문이 이곳으로 들어오는 문이었나 보다. 이곳은 건하가 사는 곳과는 분위기가 많이 달랐다. 어리둥절한 채로 문가에 서 있는 건하에게 턱수염 아저씨가 손짓을 했다.

"얼른 들어와라. 기차 타려면 표를 빨리 끊어야 할 거야. 기차가 도착할 시간이 다 되었거든."

건하는 낯선 세계로 조심스레 발을 내디뎠다.

'교실지기 아저씨가 교실이라고 했지만 학교는 아닌 것 같고. 기차표를 사라고 했으니 기차역인가 본데, 좀 이상한걸.'

건하가 가 본 기차역은 가게가 줄줄이 늘어서 있고 언제나 북적였다. 그런데 이 역은 아주 작았고, 벽에 걸린 거울이나 칠판은 옛날 물건 같았다. 아저씨들의 생김새나 옷차림도 건하와는 달랐다.

"리 장군이 오늘 북군을 공격했을까? 이 전신 내용만 봐서는 자세한 내용을 알 수 없으니 궁금해서 못 견디겠어."

턱수염 아저씨가 손가락으로 벽에 걸린 칠판을 가리켰다.

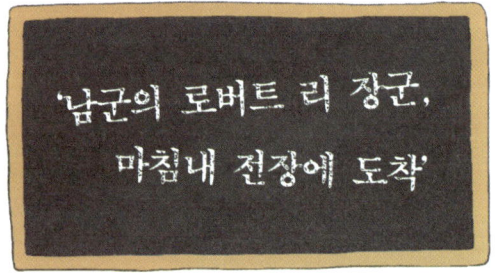

건하는 '전장'이 무슨 뜻일까 생각하며 멀뚱히 칠판을 보았다. 아

저씨들은 건하는 신경도 쓰지 않은 채 이야기에 열중했다.

"조급해하지 말고 기다리세. 앨이 소식을 가져다주겠지."

"그런데 리 장군은 왜 남군에 가담한 거야? 노예 제도에 찬성하는 것도 아니라던데."

"리 장군의 고향인 버지니아가 남군에 속해 있잖아. 북군에 가담하면 고향 사람들과 싸워야 하니까 남군에 들어간 거지."

'남군, 북군, 노예 제도⋯⋯ 전장은 전쟁터란 뜻이었어. 그렇다면 여기는?'

미국이었다. 노예 제도를 두고 남북 간에 전쟁이 일어났던 링컨 대통령 시절의 미국이었다.

"얘야, 이리 와 보겠니?"

건하가 두리번거리고 있을 때 기차역 사무실에서 제복을 입은 아저씨가 나왔다.

"멋쟁이로구나. 청바지가 서부에서 큰 인기라는 것은 신문에서 보았다만, 동부에서 보게 될 줄이야."

건하는 자기 바지를 슬쩍 내려다보았다. 건하가 사는 곳에서는 흔한 청바지가 이 시대에는 아직 널리 알려지지 않은 것 같았다.

"혹시 앨을 알고 있니?"

"네? 네!"

만난 적은 없지만 교실지기에게서 도와주라는 말을 들었으니 모른다고 할 수는 없었다.

"이것 받아라. 낯선 아이가 역에 오면 전해 주라고 앨이 맡긴 거야."

건하는 제복 아저씨가 건네주는 종이를 받았다. 기차표였다. '출발: 마운트 클레멘스 역, 도착: 포트휴런 역'이라고 쓰여 있었다. 교실지기가 손을 써 놨다더니 앨과는 미리 이야기가 된 모양이었다.

"플랫폼으로 나가 보렴. 기차가 들어오면 내려와서 신문을 파는 소년이 보일 거다. 그 소년이 바로 앨이야."

제복 아저씨는 모여 있던 사람들을 향해서도 큰 소리로 말했다.

"기차가 도착하니 서두르세요. 앨이 여러분의 궁금증을 해결해 줄 겁니다."

이야기를 하던 사람들이 우르르 몰려 나갔다. 건하도 뒤따라갔다.

"뿌아앙!"

시커먼 기차가 엄청난 소리와 연기를 토해 내며 들어왔다. 사진으로 보았던 증기 기관차였다. 맨 뒤쪽 칸에서 모자를 쓴 소년이 뛰어내렸다. 건하보다 대여섯 살쯤 더 많아 보였고 옆구리에 신문을 끼고 있었다. 앨이었다.

"신문요, 신문! 리 장군의 전투 소식이 담긴 신문이 얼마 남지 않았어요. 구입할 분은 동전을 준비해 주세요."

앨이 소리쳤다. 칠판 앞에서 이야기를 하던 아저씨들이 앨에게 동전을 내밀었다. 앨은 옆구리에서 신문 한 부씩을 뽑아 건네고 돈을 받았다. 손놀림이 빨랐다.

"앨, 서둘러라. 오늘은 정차 시간이 길지 않아서 곧 출발해야 돼."

제복 아저씨가 깃발을 흔들며 앨에게 말했다.

"다 됐어요, 매켄지 역장님."

제복 아저씨는 마운트 클레멘스 역의 매켄지 역장이었다. 앨은 매켄지 역장에게 신문을 건넸다.

"참, 이건 제 선물이에요. 전신으로 받은 소식을 칠판에 써 주셔서 신문을 기다리는 사람이 더 많아졌어요. 덕분에 장사가 잘돼요."

"잘 읽을게. 칠판 소식 때문에 네 일이 잘된다니 나도 기쁘구나."

건하는 아저씨들이 칠판 앞에 모여 이야기를 나누던 모습을 떠올렸다. 역장이 전신으로 받은 짧은 소식을 칠판에 써 놓으면, 사람들이 자세한 소식을 알고 싶어서 신문을 사는 모양이었다.

"자, 자. 이제 기차가 출발합니다!"

매켄지 역장이 외쳤다. 신문을 산 사람들은 플랫폼을 빠져나갔고 앨은 기차 안으로 사라졌다. 건하는 사라지는 앨의 뒷모습을 보며 "어어." 하는 소리만 냈다. 앨은 곧 다시 나타났다.

"내 정신 좀 봐. 교실지기가 보낸 아이가 너 맞지?"

"응. 형이 앨이지?"

"맞아. 자세한 이야기는 기차에서 하자."

앨이 손을 내밀었다. 건하는 앨의 손을 잡고 기차로 풀쩍 뛰어올랐다. 기차가 요란한 소리를 내며 서서히 움직였다.

## 3. 주간 헤럴드 기자 오건하

"앨! 이리 좀 와 줄래?"

앨과 건하가 기차에 오르자 자리에 앉은 아주머니가 손짓까지 하며 앨을 불렀다. 앨은 크게 대답하고는 줄이 달린 나무판을 목에 걸었다. 나무판 위에는 신문, 과일, 사탕 같은 것들이 놓여 있었다.

"우리 아이에게 가져다줄 사탕 하나만 주겠니?"

앨은 빨갛고 하얀 줄무늬 사탕을 종이에 싸서 아주머니에게 건넸다. 신문을 팔 때처럼 돈을 받고 거스름돈을 내주는 일이 익숙해 보였다. 또 다른 손님은 앨에게서 신문과 과일을 샀다. 앨은 물건을 팔고 난 뒤 건하에게로 왔다.

"미안. 기차가 역에 서면 새로운 손님들이 타기 때문에 좀 바빠. 음, 내가 앨인 건 알고 있는 것 같던데……."

"아! 나는 건하라고 해."

앨은 '건하' 하고 낮게 불러 보더니 나무판에서 줄무늬 사탕 하나를 집어 건넸다. 건하는 받지 못하고 쭈뼛거렸다.

"돈이 없어. 갑자기 오느라 아무것도 못 가져왔어."

앨이 건하의 손에 사탕을 쥐어 주며 웃었다.

"선물이야. 요즘은 전투 때문에 신문이 많이 팔려서 주머니가 든든해. 멀리서 온 친구에게 이 정도는 줄 수 있어."

"전투 때문에 신문이 잘 팔려?"

"응. 사람들이 궁금해하는 전투 소식이 신문에 자세히 담겨 있거든."

건하가 피식 웃으며 작은 소리로 말했다.

"텔레비전 속보가 없어서 그렇구나."

앨에게 한 말이라기보다는 혼잣말이었다. 건하는 자기가 텔레비전이 발명되기 전으로 와 있다는 것을 알았다. 매켄지 역장이 그랬다. 서부에서 청바지가 유행이라고. 청바지는 19세기 발명품, 텔레비전은 20세기 발명품이었다. 발명의 날에 인터넷에서 보았다.

"텔레, 뭐라고?"

앨이 호기심을 보이자 건하는 아차 싶었다. 미래의 일을 말하면 안 될 것 같았다.

"아, 그냥 혼잣말이야."

건하가 둘러댔지만 앨은 쉽게 물러나지 않았다.

"비전(vision)이라면 뭔가를 볼 수 있다는 말이잖아!"

"그러니까 그게…… 나중에 그런 걸 발명하면 좋겠다고…… 그냥 나 혼자 생각한 거야."

건하가 버벅거리며 말을 돌렸고 앨은 건하의 손을 덥석 잡았다.

"와아, 교실지기의 말이 사실이었네."

"교실지기 아저씨가 내 얘기를 했어?"

"콕 집어서 너란 말은 안 했지만 나이는 어려도 배울 게 많은 친구를 데려온다고 했거든. 발명에 관심이 많다니 내가 배울 게 정말 많겠는데."

건하는 어색하게 웃었다. 발명에 관심이 없다고, 미래에서 왔기 때문에 아는 것뿐이라고 털어놓을 수는 없었다. 교실지기와는 조금 전에 만난 사이라는 것도 역시 감춰야 했다. 그런 건하의 속도 모르고 앨은 싱글벙글했다.

"하여튼 교실지기는 엉뚱해. 잊을 만하면 나타나서 사람을 놀라게 한단 말이야. 이틀 전에도 갑자기 나타나서는 멋진 친구를 데려올 테니까 당분간 서로 돕고 지내라고 했어. 나야 네 도움을 받을 수 있어서 나쁘지는 않지만……."

건하는 나도 나쁘지 않다고, 도울 일은 뭐냐고 묻고 싶었다. 그러나 기회가 오지 않았다. 기차 문이 열리더니 한 아저씨가 큰 소리로 앨을 불렀기 때문이다.

"뒤쪽 칸 사람들이 너를 애타게 기다리고 있다. 신문이 필요하다고 하던데."

"네, 갈게요!"

앨은 건하에게 기다려 달라는 말을 남기고 뒤쪽 칸으로 갔고, 한참 만에야 돌아왔다.

기차가 포트휴런 역에 닿았을 때는 저녁이었다. 역에서 앨의 집까지는 한참을 걸어야 했다. 둘 다 허기져 있어서 말을 아낀 채 묵묵히 걷기만 했다.

건하는 앨의 식구들과 인사를 나누고 늦은 저녁을 먹었다. 그러고 났더니 졸음이 밀려왔다. 앨은 건하에게 방을 내주고 베개를 든 채 동생의 방으로 갔다.

다음 날 새벽, 건하는 앨의 목소리에 잠에서 깼다.

"사탕과 마시멜로는 이 정도면 됐고, 과자도 이만큼. 아, 주문받은 엽서!"

창문 아래 앉아 있는 앨의 뒷모습이 보였다. 창밖의 빛을 이용해 나뭇판 위에 물건을 챙겨 담는 중이었다. 혼잣말이지만 목소리가 또랑또랑해서 건하는 앨이 누군가와 이야기를 하는 줄 알았다.

"앨, 오늘도 기차에서 물건 팔 거야?"

"그럼. 이게 내 일인걸."

"학교는 안 가?"

"학교는 세 달 만에 쫓겨났어. 벌써 7년 전이네. 우리 어머니 말로는 내가 너무 뛰어나서 학교에 다닐 필요가 없었대."

앨이 키드득 웃으며 말했다.

'학교에 안 간다면 교실지기가 말한 교실은 어디지? 비밀 교실이라 학교 아닌 곳에 있나? 에이, 모르겠다. 나는 앨만 도우면 되니까.'

건하는 궁금한 게 많았지만 일단 앨을 돕는 일에 전념하기로 했다. 건하는 나뭇판을 가리키며 앨에게 물었다.

"앨, 혹시 이거 하나 더 없어? 나도 도울게."

"물건 파는 건 힘들어서 안 돼. 물건값이 비싸다고 투덜대는 정도는 양반이고, 기차 밖으로 물건을 던져 버리는 사람도 있어. 그걸 주워 와야만 돈을 준다니까. 그런 손님을 만나면 어떻게 할래?"

"그건……."

"건하가 도울 일은 따로 있어."

시무룩했던 건하의 얼굴에 웃음이 돌아왔다.

"내가 도울 일이 뭔데? 말만 해, 앨. 다 해 줄 테니까."

건하는 큰소리까지 뺑뺑 쳤다.

"우선 포트휴런 역으로 가자."

앨은 포트휴런 역에서 매일 아침 7시에 출발하는 기차를 타고 마지막인 디트로이트 역까지 갔다. 기차가 달리는 세 시간 동안 앨은

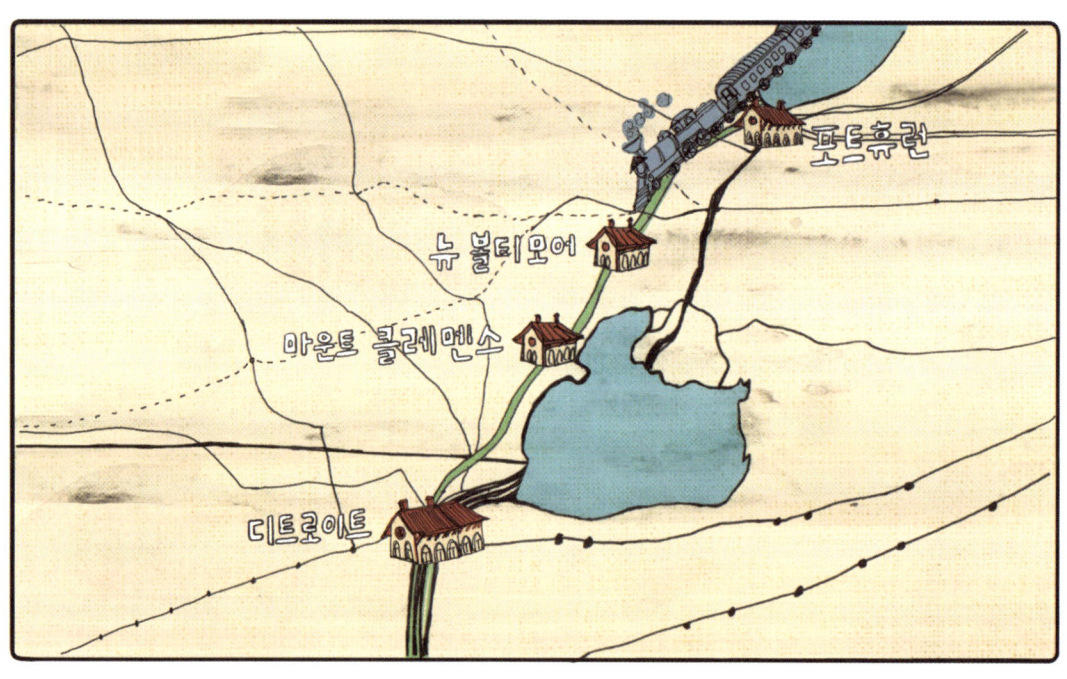

기차 칸을 다니며 물건을 팔았다. 그런데 가만 살펴보니 승객들은 물건만 사는 것이 아니라 앨에게 시시콜콜한 것까지 물었다.

"앨! 기차 시간이 언제 바뀐다고 했지?"

"앨! 디트로이트 시장의 강낭콩 가격이 요즘 얼마니? 닭고기는?"

"앨! 포트휴런 역에서 일하는 존 말이야. 다리는 다 나았니?"

앨의 대답은 한결같았다.

"새로운 소식은 신문에 싣겠습니다. 며칠만 기다려 주세요."

건하는 앨이 어떤 사람인지 궁금해졌다. 채소 가격이나 사람들의 사정을 잘 알고 또 그것을 신문에 싣겠다고 말하는 앨의 정체가.

'혹시 특별한 비밀 교실의 특별한 비밀 선생님?'

교실지기가 했던 비밀 타령이 복사되어 건하의 머릿속에 배달된 모양이었다.

"건하, 같이 가 볼 데가 있어."

기차가 마지막 역에 가까워질 무렵이었다. 앨이 기차 뒤쪽 칸으로 건하를 데려갔다. 승객이 타지 않는 화물칸이라고 했다. 벽에 붙은 선반에는 약병이 가득했고, 한가운데는 책상이 있었다. 책상 위에는 어떤 기계가 놓여 있었다.

"내 실험실이야. 과학에 관심이 좀 많거든. 아! 병은 건들지 않게 조심해. 불이 붙는 위험한 약품도 있으니까."

약병을 쳐다보던 건하가 움찔하며 뒤로 물러났다. 앨은 실험실 한쪽에서 종이 한 장을 집어 건하에게 건넸다. 손수건만 한 종이 위쪽에 〈주간 헤럴드〉라는 글씨가 또렷했다.

"이건 내가 만드는 신문."

"신문을 만들어? 팔기만 하는 게 아니고?"

"큰 신문사에서 만든 것은 가져다 팔고, 여기서는 기차 승객들을 위한 신문을 만들어. 그러니까 이곳은 실험실 겸 신문사지."

건하는 앨의 실험실 겸 신문사를 휘익 살펴보고 〈주간 헤럴드〉로 눈을 돌렸다.

'포트휴런 역에서 7시에 출발하는 기차는 다음 달부터 30분 늦게 출발.'

'뉴 볼티모어 역에 역장이 새로 오다.'

'포트휴런 역의 짐꾼 존 로빈스 다리 다침.'

승객들이 앨에게 묻던 일들이 신문에 담겨 있었다.

"손수건만 한 신문이지만 독자들이 제법 많아. 그런데 요즘은 일주일에 한 번 발행하기도 힘들어. 신문 파는 일이 바빠져서 기차 안에서 취재를 할 짬이 안 나거든."

앨이 얼마나 바쁜지는 건하도 잘 알고 있었다.

"그래서 말인데, 건하가 〈주간 헤럴드〉 기자를 맡아 주지 않을래? 교실지기는 네가 신문 기사를 아주 잘 쓸 거라고 했어."

'기자라고? 오오, 멋진데.'

책이나 드라마에서 본 기자는 형사처럼 나쁜 사람의 뒤를 캐거나 약한 사람을 돕는 정의의 기사였다. 멋진 일도 하면서 ㅇㄱㅎ 댓글을 쓴 사람도 알 수 있는데, 망설일 이유가 없었다.

"좋아! 그럼 뭐부터 할까?"

"기차 안을 다니면서 취재를 하고 기사를 써 줘. 기사를 어떤 자리에 놓을지, 글자 크기를 어떻게 할지는 우리 둘이 정하고, 기사를 글자로 옮겨서 인쇄하는 건 내가 맡을게."

기차는 오전 10시에 디트로이트 역에 도착했다. 포트휴런으로 돌아가는 기차는 오후 4시 30분에 출발하는 것뿐이었다. 그때까지 앨과 건하는 디트로이트에서 시간을 보내야 했다. 도서관에 가서 책도 읽고 시장에도 갔다. 그날도 앨은 건하를 데리고 시장에 갔다. 어떤 물건이 새로 나왔는지, 물건값은 얼마인지 등을 자세히 조사하고 기록했다. 신문에 실을 내용이었다.

포트휴런으로 돌아가는 기차에서도 앨은 신문을 파느라고 바빴다. 어제에 이어 큰 전투가 벌어졌다고 했다. 그사이 건하는 취재를 하려고 기차 안을 오갔다.

"신문에 낼 만한 소식이 있나요? 궁금한 것은요?"

사람들은 대답 대신 건하를 빤히 쳐다보았다. '너는 누구니?'라는 말이 감춰진 표정이었다. 그런 얼굴을 몇 번 만나고 나니 기운이 빠졌다. 기차를 한 바퀴 돌고 온 건하는 빈자리에 털썩 주저앉았다. 다음 역에 기차가 서자 승객 두 사람이 뒷자리에 앉았다.

"지미, 새로 시작한 가게는 어때? 사람들이 많이 찾아오나?"

"개미 한 마리 얼씬하지 않아. 사람들이 가게 문 연 것을 모르나 봐. 길거리에서 고함이라도 질러 볼까? '지미네 잡화점이 문을 열었습니다!' 이렇게 말이야."

그 소리를 듣고 건하는 벌떡 일어나 지미에게 갔다.

"지미 아저씨! 신문에 잡화점 광고를 하면 어때요?"

두 신사가 건하를 빤히 쳐다보았다. 역시 '너는 누구니?'라는 물음이 감춰진 표정이었다.

"저는 〈주간 헤럴드〉 기자 오건하입니다."

두 신사가 건하를 빤히 보았다. 이번에는 '오호, 그래?'라는 말이 감춰진 표정이었다.

"신문 광고! 그거 괜찮은 방법 같은데. 좋아, 오건하 기자. 광고를 내겠어."

"잘 생각하셨어요. 많은 사람에게 한꺼번에 소식을 알릴 때는 신문만 한 것이 없죠."

맞장구를 치며 돌아선 건하가 기대감에 부풀어 카드를 꺼냈다. 차마 그냥 볼 수 없어 눈을 꾹 감았다가 실눈을 뜨며 살펴보았다. 보였다! 흰색 카드에 나타난 검은 잉크가 보였다.

# 9. 건하가 잡은 특종

"앨! 앨!"

건하가 소리쳐 앨을 불렀다. 지미와 광고 이야기를 한 뒤로 건하는 기삿거리가 떠오를 때마다 앨을 찾았다.

"새로 오신 역장님 기사를 신문에 내면 어때? 뉴 볼티모어 역장님 말이야."

역장이 새로 부임했다는 소식은 앨이 보여 준 신문에서 읽었다.

"좋은 생각이야. 건하가 가서 만나 봐."

기차가 뉴 볼티모어 역에 섰을 때 건하는 역장을 찾아 사무실로 갔다. 그러나 사무실 문을 차마 열 수가 없었다. 역장의 쩌렁쩌렁한 목소리가 밖으로 흘러나왔기 때문이다.

"부인! 더 이상 억지 부리지 마세요."

"억지라니요. 맡긴 가방을 잃어버렸으면 사과를 하고 책임을 지셔야죠."

역장이 어느 부인과 말다툼을 벌이고 있었다. 부인의 목소리가 떨렸다.

"부인! 저는 부인의 가방을 맡은 적이 없습니다. 아니! 본 적도 없습니다."

"어머나, 세상에. 본 적도 없다니. 제가 플랫폼으로 나가면서 가방을 여기 맡겼잖아요."

부인이 울음을 터트렸지만 역장의 목소리는 단호했다.

"그만 나가 주십시오. 계속 소란을 피우면 보안관을 부르겠어요!"

역장은 부인을 밖으로 밀어내고 쾅 소리 나게 문을 닫았다. 밀려난 부인은 나무 의자에 털썩 주저앉더니 기도하듯 손을 모으고 고개를 숙였다. 건하가 조심스레 다가갔다.

"……아줌마."

부인이 고개를 들었다. 얼굴이 눈물범벅이었다.

늘 소리쳐 앨을 부르던 건하는 이번에는 소리를 낮춰 새 소식을 전했다. 신문에 싣기 전에 누가 듣기라도 하면 안 될 것 같아서였다.

"특종을 잡았어. 역장님 기사 대신 쓰면 좋겠어."

앨이 손바닥으로 귀를 꾹 막았다가 떼어 내며 말했다.

"건하가 말하는 소리를 어디에 담아 두면 좋겠다. 이럴 때 다시 듣게."

'그런 거 있어. 녹음기. 아직 발명되지 않았나 보네.'

건하가 히죽 웃었다. 앨이 모르는 미래의 일을 알고 있다는 사실에 으쓱했다. 건하의 마음을 알 리 없는 앨은 머쓱해했다.

"엉뚱한 소리로 들리겠지만 꼭 불가능한 일은 아닐 거야. 그런 게 만들어지면 나 같은 사람한테도 도움이 될 거고."

"앨이 어떤 사람인데?"

"난 귀가 잘 안 들려서 작게 말하면 무슨 말인지 못 알아듣거든. 이럴 때 목소리를 어딘가에 담아 두면, 듣는 사람도 말하는 사람도 편리하잖아."

건하는 앨의 목소리가 언제나 우렁찼던 것을 기억했다. 사람들도 앨을 부를 때는 꼭 손짓을 함께 했다. 앨의 귀가 어둡기 때문이었다. 건하는 또박또박한 목소리로 말했다.

"엉뚱한 소리 아니야. 누군가 그런 기계를 만들었…… 아니 만들겠지. 그건 나중에 이야기하고, 지금은 기사 이야기를 하자."

건하는 역 사무실 앞에서 본 일을 앨에게 들려주었다. 앨도 놀란 눈치였다.

"확실해?"

"그럼. 부인에게 직접 확인했어. 앨! 이런 일은 꼭 신문에 내야 해.

약한 사람들을 보호하는 것도 기자가 할 일이랬어."

"멋진 말인데. 좋아. 역장님 기사 대신 부인 이야기를 싣자."

〈주간 헤럴드〉는 이틀 뒤에 나왔다. 부인의 이야기는 신문 왼쪽

# 뉴 볼티모어 역에서 사라진 가방
### 이사벨라의 가방은 어디로 갔을까?

뉴 볼티모어 역 사무실에 맡긴 가방이 사라졌다. 가방 안에는 돈과 귀중품이 들어 있었다. 가방 주인 이사벨라는 역장에게 가방이 사라진 이유를 물었지만 역장은 가방을 본 적이 없다며 이사벨라를 밀쳤다. 기자가 직접 목격한 일이다. 이사벨라는 기차가 막 들어올 때 허둥지둥하며 가방을 맡겼다. 플랫폼에 나가 승객으로부터 물건을 전해 받기로 했기 때문이다. 그러나 물건을 받고 돌아왔을 때 가방은 사라진 뒤였다. 새로 부임한 역장만 아무 일 없었다는 듯이 사무실에 있었다. 이사벨라는 '제가 허둥대느라 가방을 어디 두었는지 모를 것이라고 생각한 모양'이라며 울먹였다. 가방은 어디로 갔을까? 역장은 진실을 알고 있지 않을까?

가장 위쪽에 있었다.

앨은 아침에 포트휴런 역에서부터 〈주간 헤럴드〉를 팔았다. 건하도 거들었다. 승객들의 반응은 메아리처럼 즉시 돌아왔다.

"이번에 대단한 기사를 실었구나. 이사벨라의 가방이 곧 돌아올 것 같은데."

"역장의 가면을 벗겼으니 철도 회사도 고마워할 거야."

신문은 잘 팔렸다. 신문을 사지 않던 사람들도 소문을 듣고 호기심에 구입했다. 한 달치 신문값을 미리 내고 정기적으로 받아 보겠다는 사람도 셋이나 있었다. 앨은 〈주간 헤럴드〉 한 부를 3센트에 팔았지만 정기 구독자에게는 한 달에 8센트를 받았다.

"건하가 쓴 기사 덕분에 500부가 순식간에 나갔어. 인쇄를 더 할 생각이야."

앨은 실험실 겸 신문사로 부리나케 갔다. 늘 앨과 함께였던 건하는 혼자 승객 칸에 남았다. 카드를 확인할 생각에 마음이 붕 떴다.

"어! 이거 왜 이래? 앨한테 도움을 줬는데 왜 이렇지?"

카드는 며칠 전 모습 그대로였다.

다리에서 힘이 스르르 빠져나가는 것 같았다. 건하는 자리에 앉아 한동안 꼼짝도 안 했다. 그러는 사이 기차가 뉴 볼티모어 역에 닿았다. 기차는 화물칸을 연결하느라 역에 오랫동안 서 있어야 했다. 건하는 플랫폼에 서서 화물칸 연결하는 것을 구경했다.

"혹시 네가 앨의 친구니?"

누군가 건하에게 말을 걸었다. 제복을 입은 사람. 바로 뉴 볼티모어 역장이었다.

"앨과 신문 기사 이야기를 하고 싶은데 어디에 있는지 아니?"

역장이 말하는 기사는 이사벨라 이야기가 분명했다. 건하는 꾸지람을 들을까 봐 떨렸지만, 잘못한 게 없으니 당당하게 굴기로 했다.

"이사벨라 이야기 말이죠? 그 기사는 제가 썼어요. 오건하 기자입니다."

"그렇다면 너와 이야기하면 되겠구나. 다른 사람들 눈도 있으니 사무실로 가는 게 어떻겠니?"

"좋습니다."

사무실로 들어가자 역장이 책상 위에 놓여 있던 〈주간 헤럴드〉를 가져왔다.

"어떤 승객이 내게 주면서 역장 노릇 똑바로 하라고 충고하더구

나. 너는 이 얘기가 왜 사실이라고 생각했니?"

"이사벨라에게 직접 들었으니까요."

역장은 또 다른 종이를 가져왔다.

"철도 회사에서 각 기차역마다 보낸 전신이야. 읽어 보렴."

'이사벨라의 수법. 역장이 바쁠 때 귀중품을 분실했다며 소란. 조심.'

역장은 또 다른 신문을 가져왔다. 이사벨라의 얼굴 그림이 나온 기사는 전신에 적힌 것과 내용이 비슷했다.

"철도 회사에서는 유명한 사람이야. 역장 여럿이 당했지. 젊은 부인이 억울하다며 슬피 우니까 다른 승객들의 눈이 무서워서 본 적도 없는 가방값을 물어 주었어. 그러나 더 이상은 당하지 않겠다는 게 철도 회사의 계획이란다."

"……."

"사람들은 신문 기사가 모두 진실이라고 믿어. 덕분에 난 남의 가방을 도둑질한 역장이 되었구나. 쓰기 전에 내게도 물어봤으면 공정한 기사가 됐을 텐데, 아쉽다."

"죄송합니다. 역장님!"

건하는 허리를 깊이 숙여 사과했다. 역장은 잘못 쓴 기사를 바로잡으면 더는 말하지 않겠다고 했다.

건하가 플랫폼으로 나가자 앨이 헐레벌떡 달려와 무슨 일인지 물었다. 건하는 이사벨라의 정체와 자기 실수를 모두 들려주었다.

"글을 잘못 쓰면 누군가는 억울하게 피해를 입는다는 것을 깨달았어. 미안해, 앨. 앞으론 조심할게."

"힘내자. 실수는 앞으로 나가는 발걸음! 방금 생각한 말이야."

앨이 건하의 어깨를 감싸며 위로해 주었다.

"오건하 기자!"

뒤쪽에서 역장이 불렀다. 역장은 손에 든 건하의 카드를 흔들어 보였다. 사과하느라 허리를 숙였을 때 주머니에서 빠진 것이었다.

건하는 어쩌면 잉크가 몽땅 지워졌을지도 모른다고 생각했다. 그래도 실망하지 않기로 마음먹었다. 그런데, 검은 잉크가 보였다. 카드에는 처음보다 훨씬 많은 잉크가 나타나 있었다.

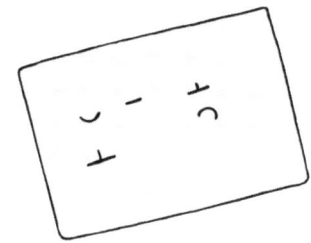

# 5. 소문 캐는 폴 프라이

오후가 되어 기차가 디트로이트 역을 출발했다. 앨은 오랜만에 실험을 한다며 실험실로 갔고 건하는 카드만 뚫어져라 쳐다보았다.

'실수를 했는데도 잉크가 나타났어. 이유가 뭐지? 도대체 어떨 때 글씨가 나타나는 거야?'

특별한 비밀 카드라더니 글씨가 나타나는 이유도 비밀스럽기만 했다. 건하는 혼란스러웠다.

"불이야! 불! 화물칸에서 불이 났다!"

건하가 고민에 빠져 있을 때 기차 뒤쪽 칸에서 다급한 외침이 들

려왔다. 건하는 자리에서 벌떡 일어났다. 화물칸은 앨의 실험실 겸 신문사가 있는 곳이다. 그리고 앨이 그곳에 있다.

"앨! 앨!"

"얘야, 안 된다."

누군가 기차 통로를 뛰어가는 건하의 허리를 잡았다. 건하는 한참 동안 붙잡힌 채 "앨! 앨!" 소리만 되풀이했다. 잠시 뒤 또 다른 외침이 들렸다.

"승객 여러분, 걱정 마세요! 스티븐슨 차장이 불을 껐답니다."

"불을 껐대요!"

소식이 기차 뒤쪽 칸에서부터 앞쪽 칸으로 전달되었다. 건하의 허리도 붙잡혔던 손길에서 놓여났다. 건하는 화물칸을 향해 달렸고 기차는 마운트 클레멘스 역으로 들어섰다.

"와장창! 쨍그랑!"

플랫폼에서 요란한 소리가 났다. 약병과 인쇄기가 깨지고 부서진 채 나뒹굴었다. 곧이어 앨이 스티븐슨 차장에게 끌려 내려왔다.

"너 하나 때문에 이 많은 승객이 위험에 빠질 뻔했어! 조심하라고 그렇게 말했는데 불을 내다니, 다시는 내 기차에 타지 마라!"

매켄지 역장이 달려와 화를 펄펄 내는 차장을 기차 안으로 데리고 들어갔다. 건하가 모여 선 사람들을 헤치고 앨에게 갔다.

"어떻게 된 일이야, 앨?"

"기차가 모퉁이를 돌 때 선반에 있던 약병이 떨어졌어. 전에 말했지? 불이 잘 붙는 위험한 약품도 있다고. 하필이면 그것들이 떨어졌지 뭐야."

앨의 힘없는 목소리는 인쇄기를 살펴보고 나서 더 작아졌다.

"어휴, 아예 부서져 버렸네."

그렇게 시무룩한 앨의 모습을 건하는 처음 보았다.

매켄지 역장이 부서진 인쇄기 앞에 쪼그려 앉은 앨을 일으켜 세우며 말했다.

"여기는 내가 치울 테니까 어서 기차에 타. 스티븐슨 차장한테는 잘 말해 뒀으니까 걱정 말고."


"어머니는 내가 집에 불을 낼까 봐 걱정이시래. 그래서 말씀드렸지. '집을 움직일 때 모퉁이만 돌지 마세요.'라고."

앨의 실험실에 있던 물건을 집으로 옮기던 날, 앨은 우스운 소리를 했다. 일을 도와주던 앨의 친구 빌이 손뼉까지 치며 웃어 댔다. 마을 식품점에서 일하는 빌은 앨을 도우려고 휴가를 얻었다고 했다. 빌은 일자리를 잃은 친구를 걱정스러워했다.

"앨! 앞으로 어떻게 돈을 벌 거야? 어머니께도 드려야 하고 실험실 약품도 사야 하잖아."

"기차에서 다시 물건을 팔 거야. 스티븐슨 차장님이 실험만 하지 않으면 일은 계속해도 된다고 하셨어."

"신문 만드는 건? 인쇄기가 망가졌다면서?"

"계속 만들어야지. 인쇄기 빌려 쓸 곳을 알아 두었거든. 이번엔 더 재미있는 신문을 만들어서 마을 사람들한테도 팔아 보려고 해."

"재미있는 신문은 어떤 거야?"

"소문을 알려 주는 신문! 몇 년 동안 기차에서 보니까 사람들이 남의 이야기를 참 좋아하더라고. 누가 실수한 이야기는 더 좋아하고. 사람들의 소문이나 실수를 담아 신문으로 만들면 잘 팔릴 것 같아."

빌이 "오, 좋은데." 하며 맞장구를 쳤다.

"제목도 정해 뒀어. 폴 프라이!"

"연극에 나오는 그 우스꽝스런 사람?"

"응. 온 마을을 다니면서 소문을 캐고 남의 일에 참견하는 사람 말이야. 우리 신문에 딱 어울리는 이름이지?"

"맞아, 맞아!"

"그런데 빌. 건하는 마을 사람들을 잘 모르니까 네가 틈틈이 〈폴 프라이〉 기사를 써 주지 않을래? 나는 기차를 타야 해서 마을을 돌아다닐 시간이 없어."

"걱정 마! 우리 식품점에 오는 사람들 뒷이야기만 캐도 신문 백 번은 만들겠다."

앨과 빌은 공중에서 손바닥을 딱 소리 나게 부딪쳤다. 그러나 건하는 그런 신문을 만드는 것이 내키지 않았다. 이사벨라의 일을 겪은 뒤, 기사는 조심스럽게 써야 한다는 것을 깨달았기 때문이다. 그러나 앨과 빌이 너무 신나 있어서 더 말하지 않았다.

빌은 부지런히 뛰어다니며 남들의 소문을 캐고 기사를 썼다. 그야말로 폴 프라이였다. 건하는 심드렁한 기분으로 마을을 어슬렁거리며 시간을 보냈다. 며칠 뒤 빌이 건하에게 종이를 잔뜩 내밀었다.

"내가 쓴 기사야. 읽어 보고 잘못 쓴 곳이 있으면 고쳐 줘. 일 끝나고 바빠 쓰느라 제대로 쓴 건지 아닌지 모르겠어."

'멜라니는 왜 애슐리와 결혼했나?'
'스칼렛 오하라, 모두 몇 벌의 드레스?'
　　　　　　　　드레스는 모두 몇 벌
'레트는 스칼렛을 왜 떠난 이유'
　　　가
'스칼렛과 멜라니가 사랑과 결혼 풀 스토리'
　　　　　　　　의
'검은 수염 제이슨, 대륙 횡단 철도 건설이 미친 짓이라고 욕설'
　　　　　　　　　　　　　　　　은
'빨간 머리 필립, 흥청망청 낭비하다 재산 쏙 줄어.'

건하는 눈살을 찌푸렸다. 제목만 읽어도 마음이 편치 않았다.

'제이슨이나 필립이 이 신문을 보면 상처를 받을 거야.'

건하는 용기 내어 빌에게 말했다.

"소문만 듣고 쓴 이런 기사, 난 반대야. 신문은 사람들에게 도움이 되는 소식을 실어야 해. 남의 뒷얘기는 아무런 도움이 안 돼."

"왜 도움이 안 된다는 거야? 재미있는데. 사람들이 이 신문을 읽고 재미있어하면 그게 도움이 되는 거지!"

"다른 사람의 재미를 위해서 제이슨이나 필립이 피해를 볼 수도 있어."

"어휴, 건하. 무슨 말인지 모르겠어. 제이슨이나 필립이 무슨 피해를 입는다는 건지. 한 가지 분명한 건, 지금 앨은 돈이 필요하다는 거야. 그러니까 앨에게는 이런 말 하지 마!"

빌이 입을 꾹 닫고 돌아섰다. 건하는 답답했지만 더는 말할 수 없었다. 그저 묵묵히 빌이 잘못 쓴 문장을 고쳤다.

앨은 〈폴 프라이〉를 〈주간 헤럴드〉보다 많이 인쇄했다. 기차에서도 팔고 빌이 일하는 식품점에서도 팔기로 했다. 앨의 예상은 딱 들어맞았다. 건하는 앨과 함께 기차에 탔을 때 〈폴 프라이〉를 앞다퉈 사는 사람들을 볼 수 있었다. 신문이 나오고 며칠이 지나도록 〈폴 프라이〉를 찾는 사람이 많았다. 사람들은 신문을 읽으며 낄낄 웃었고 신문을 읽은 뒤에는 남의 이야기를 했다.

"제이슨은 기차 안에서 크게 싸움을 벌인 적이 있어. 그래서 철도를 싫어한다지, 아마?"

"사실은 그 싸움도 제이슨이 잘못해서 벌어진 거래."

"필립은 재산을 다 잃어도 정신을 못 차릴 거야. 가족들만 불쌍해."

"필립의 아내가 아이들을 데리고 도망갔다는 소문도 있던데?"

사람들은 검은 수염 제이슨과 빨간 머리 필립의 또 다른 이야기를 하느라 바빴다. 증기 기관차가 연기를 쏟아 내듯 소문을 마구 쏟아

내고 있었다.

건하는 비밀 게시판에 댓글 쓴 아이들의 기분을 알 것 같았다. 쓰레기 고발 글이 올라오니까 이때다 싶어서 이 말 저 말 마구 쏟아 낸 것이다. 댓글을 직접 읽지는 못했지만 민혁이가 말해 줘서 대충은 알고 있었다. 그 가운데는 싸우고 욕하는 글도 있다고 했다.

'책임감 없는 엉터리 글에 책임감 없는 엉터리 댓글이 달리는 건 당연한지도 몰라.'

건하는 한숨을 푹 쉬었다. 일이 점점 꼬이고 있어서 집에 돌아갈 수 있을지 걱정이 되었다. 주머니에서 카드를 꺼내 보았다. 건하의 눈이 커졌다. 잉크가 조금 더 나타나 있었다. 아직 글씨라고는 할 수 없었지만 지난번보다 검은 잉크가 더 많이 나타나 있었다.

'도대체 이 잉크는 어느 때 나타나는 거야?'

건하는 카드에 잉크가 나타난 때를 되짚어 보았다. 맨 처음은 지미에게 광고를 내라고 말한 때였다. 두 번째는 사기꾼 이사벨라를 피해자로 오해하고 기사를 잘못 썼을 때. 그리고 〈폴 프라이〉 때문에 한숨을 쉬고 있는 지금!

교실지기는 앨을 진심으로 도우면 글씨가 조금씩 나타날 거라고

했다. 물론 건하는 언제나 진심으로 앨을 도왔다. 그러나 그때마다 글씨가 나타난 것은 아니었다.

"교실지기가 또 뭐랬지? 진실에 접근하라고 했나? 수수께끼 같은 말이네."

수수께끼는 풀리는 법이라고 건하는 생각했다. 건하는 잉크와 관계 있는 것들을 다시 떠올려 보았다. 신문, 앨을 돕기, 진심, 진실, 광고, 잘못 쓴 기사, 〈폴 프라이〉에 대한 비판…….

기차가 포트휴런 역에 도착할 때까지도 건하의 고민은 계속되었다. 앨은 팔다 남은 물건을 보관한다며 창고로 갔다. 건하는 앨을 기다리며 역에 앉아 카드를 만지작거렸다.

'비판할 때 잉크가 나타났나? 아냐. 지미에게 광고를 내라고 했을 때는 아무 비판도 안 했어. 신문이 여러 사람한테 소식을 알릴 때 편리하다는 걸 깨달았으니까. 이사벨라의 기사도 실수지 비판은 아니었어. 글을 잘못 쓰면 누군가 피해를 입는다는 걸…….'

"아! 그렇구나!"

건하의 머릿속에서 전구가 반짝 빛을 냈다. 드디어 알아냈다.

'내가 무언가를 깨달았을 때였어. 신문이 어떤 건지, 아니 신문이 무슨 일을 해야 하는지 깨달았을 때. 그래서 진실에 접근하라고 했구나. 진실한 신문의 모습을 깨달으란 뜻이었어.'

건하가 카드를 들여다보았다. 잉크가 점점이 나타나는 모습이 보였다. 글씨는 완성되지 않았지만 건하는 읽을 수 있었다. 오건하 자신의 이름이었다.

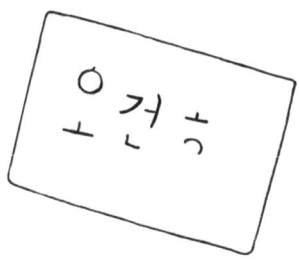

그 순간 건하는 오히려 마음이 편해졌다. 그리고 깨달았다. 이 특별한 비밀 교실은 ㅇㄱㅎ 댓글이 결국 건하 때문이라는 것을 알려 주기 위해 교실지기가 만들어 낸 마법이었음을.

"너로구나. 청바지를 입은 아이."

빨간 머리 아저씨가 문을 벌컥 열고 들어와 다짜고짜 건하에게 말을 걸었다. 화가 많이 난 말투였다.

"에디슨은 어디 있니?"

"에디슨요? 발명왕 에디슨요?"

"발명왕? 흥! 소문왕이겠지."

"전 몰라요. 제가 아는 사람은 발명왕 에디슨뿐이에요."

"모른다고? 단짝처럼 붙어 다니면서 토머스 앨바 에디슨을 모른다고? 이 녀석이 어디서 거짓말을……."

빨간 머리 아저씨가 다짜고짜 소리치며 건하의 양쪽 팔을 세게 붙잡았다. 역 밖에 있던 사람들이 안으로 들어와 수군대며 구경했다. 앨도 부리나케 뛰어 들어왔다.

"저를 찾으신다고요? 제가 토머스 앨바 에디슨이에요. 제 친구는 놓아주시고 저한테 얘기하세요."

건하는 얼음이 되었다. 앨이 에디슨이었다니. 그러고 보니 앨은 여러 차례 힌트를 주었다. 3개월 만에 학교에서 쫓겨났고, 귀가 잘 들리지 않고, 화물칸에 차린 실험실에서 불이 나고. 모두 에디슨 책에서 읽은 내용이었다. 그러나 기차에서 신문을 팔았다거나 직접 신문을 만들었다는 이야기는 잘 몰랐던 일이라, 건하는 앨이 에디슨이라고는 한 번도 의심하지 않았다.

"에디슨, 너 이 녀석 잘 만났다! 신문이랍시고 남의 이야기를 함부로 써도 되는 거야?"

빨간 머리 아저씨가 앨의 조끼를 움켜쥐었다. 필립이었다. 〈폴 프라이〉에 실린 빨간 머리 필립.

"네 신문 때문에 우리 가족은 집 밖을 못 나가고 있어. 이젠 마음 잡고 열심히 사는데 왜 옛날이야기를 꺼내서 괴롭히는 거야?"

필립이 앨의 옷깃을 몇 번이나 흔들었다. 목소리 끝에 울음소리가 묻어 있었다. 필립은 "에잇!" 하고 소리치더니 앨을 힘껏 뿌리쳤다. 앨이 바닥에 나동그라졌다.

"다음에도 남의 이야기를 함부로 쓰면 그때는 강물에 던져 버릴 테다. 조심해!"

필립은 뒤도 돌아보지 않고 나갔다. 건하가 앨을 일으켜 세우자 구경하던 사람들이 한마디씩 보탰다.

"앨, 나도 이번 신문은 좀 불편했어."

"앨의 잘못만은 아니지. 남의 이야기를 좋아하는 사람들도 문제가 있어."

"그나저나 필립은 이제 마음을 잡은 모양이지? 다행이네."

"앨! 우리가 궁금해한 건 생활에 도움이 되는 소식들이었지 남의 뒷얘기가 아니었단다."

앨은 쏟아지는 충고를 들으며 가만히 서 있었다. 건하는 사람들이 다 빠져나갔을 때에야 조심스럽게 말했다.

"앨, 〈폴 프라이〉는 그만두는 게 어때?"

"……."

"여러 사람이 보는 글은 책임감 있게 써야 한다고 생각해. 나도 엉터리 글을 썼다가 엉터리 댓글, 아니 엉터리 소문 때문에 곤란한 적이 있었거든."

"……이참에 신문 만드는 일을 아예 그만둘까? 인쇄기 빌려 쓰기도 불편하고."

"좋은 생각이야! 신문 만들 시간에 실험을 계속해. 아마 좋은 일이 벌어질 거야. 토머스 앨바 에디슨!"

"실험을 계속하려면 집에 빨리 가야겠다. 우리 너무 늦었어. 어머니가 기다리실 거야."

앨이 서둘러 자리에서 일어났다.

"앨. 나는……."

건하가 쭈뼛거렸다. 카드의 이름을 읽게 되었으니 교실지기가 곧 나타날 터였다. 식구들이 북적대는 앨의 집보다는 기차 통행이 끊어진 역이 교실지기를 만나기에는 더 좋았다.

"돌아갈 때가 된 거야?"

앨이 물었다. 건하는 아무 말도 하지 않았다. 그렇다는 뜻이었다.

"아쉽다. 이제 우리는 영영 못 보겠지? 건하가 움직이는 모습도 어디에 담아 두면 좋겠네. 그리울 때마다 웃고 이야기하는 모습을 볼 수 있게 말이야."

'그런 거 나올 거야. 아마 앨 덕분에 만들어질걸.'

# 6. 왜 그랬냐 하면

"빨리 오세요, 아저씨. 이름을 읽게 되면 오신댔잖아요."

건하는 혼잣말을 하며 포트휴런 역 근처를 서성였다. 얼마 지나지 않아 자동차 소리가 났다. 흙먼지를 뚫고 나온 방송국 차가 건하 앞에 섰다. 건하는 운전석 옆자리에 올라탔다. 교실지기가 벙글거리며 건하를 빤히 보았다.

"아이, 뭘 그렇게 쳐다봐요? 창피하게."

건하가 툴툴거렸다.

"오랜만에 만나니 반가워서 그렇지."

"치이. 아저씨는 처음부터 다 알고 있었죠?"

"뭘?"

"쓰레기 고발장요. 그거 제가 썼어요. 왜 그랬냐 하면요……."

건하는 비밀 게시판에 글을 쓰게 된 앞뒤 사정을 털어놓았다.

금요일 오후, 건하는 모처럼 컴퓨터 앞에 앉을 수 있었다. 컴퓨터는 아빠의 것이라 넘볼 수가 없었다. 프리랜서 디자이너인 아빠는 집에서 컴퓨터로 일을 했다. 그런데 그날은 아빠가 출장 중인 엄마에게 필요한 물건을 보낸다며 외출을 했고, 컴퓨터는 한동안 건하 차지가 되었다.

"가끔은 고발장에 쓴 그런 짓을 하고 싶을 때가 있어요. 말썽을 부리면 바쁜 엄마가 저한테 관심을 보일지도 모른다고 생각했거든요. 유치하죠?"

그래서 쓴 글이었다. 그러고는 잊고 있었다. 민혁이가 전화를 걸어오기 전까지는.

민혁이가 반 카페에 언제 들어갔느냐고 물었을 때 하마터면 들킬 뻔했다.

"카페? 금요일. 아니, 목! 목요일. 금요일에는 안 들어갔어."

민혁이가 난리 났다고 말했을 때, 쓰레기 고발장 때문인 것을 단

박에 알아챘다. 그래서 웃음이 터졌다.

"난리? 픕."

그런데 민혁이는 놀라운 말을 했다.

"뭐가 웃기다고 웃어? 비밀 게시판에 오건하 네가 쓰레기라고 소문났는데."

처음에는 쓰레기 고발장을 쓴 사실이 들통 난 줄 알았다.

"쓰레기? 그게 어떻게……."

'알려졌어?'라고 물을 뻔했다. 민혁이가 앞뒤 사정을 다 말했을 때에야 누군가 댓글에 'ㅇㄱㅎ'이라고 썼다는 사실을 알았다. 누가 그런 엉터리 댓글을 썼는지 화가 났다. 동시에 머리도 아파 왔다. 아이들에게 쓰레기라고 놀림받을 생각을 하니 어디론가 도망쳐 버리고 싶었다. 그때 교실지기를 만났다. 교실지기한테도 속사정을 들킬 뻔했다.

"저런. 무척 억울하겠구나. 쓰레기 고발장인가 뭐가 그런 글은 처음부터 올라오지 말았어야 하는데. 그렇지?"

"아! 맞다. 원래 글을 지우면……."

거기까지 말하고 나서야 아차 싶었다.

그때는 들키지 않고 넘어간 것이 다행이라고 생각했는데, 이제 생각해 보니 교실지기는 처음부터 모든 것을 알고 있었다. 명함에 쓰여 있던 '뭐든지 잘하고 다 아는 매우 멋진 교실지기'는 허튼소리가 아니었다.

"ㅇㄱㅎ 댓글은 아저씨가 쓴 거예요?"

"알려고 하지 마. 특별한 비밀을 너무 많이 알면 위험해."

"이러시기예요? 뭐든지 다 안다면서 가르쳐 주지도 않고."

건하는 툴툴대면서 안전띠를 맸다.

차는 어둑한 강가를 달렸다. 사람은 아무도 없었다. 건하는 다행이라고 생각했다. 지금 이곳 사람들이 이 자동차를 본다면 놀라서 모두 쓰러질 것이다. 그런데 한참을 달려도 나무가 보이지 않았다. 조용히 흐르는 긴 강뿐이었다.

"설마 강물로 뛰어드는 건 아니죠? 안 돼요! 저 수영 못한단 말이에요."

"차 안에 안전하게 있을 건데 수영 걱정을 왜 해? 그리고 물에 빠지면 내가 가만히 보고만 있겠어? 사람을 뭘로 보고 말도 안 되는 소리를 해?"

교실지기가 버럭 소리를 지르더니 자동차를 강물로 돌진시켰다. 풍덩 소리가 나고 물보라가 분수처럼 솟구쳐야 마땅했다. 그러나 아무 일도 일어나지 않았다. 강물은 빗방울 하나 떨어진 것처럼 조용히 흘렀고 자동차는 떨어진 종잇조각처럼 어떤 충격도 없었다.

건하는 저절로 감긴 눈을 크게 떴다. 신비한 터널을 놓칠 수가 없었다. 이번에는 어떤 터널이 나올까 궁금했다.
"어! 터널이 아니잖아요."
물 위였다. 초록색 산이 겹겹이 둘러싸인 강물 위. 산의 모습이 강

물에 그대로 비쳤다. 신선이 산다는 무릉도원이 이럴까 싶었다. 자동차는 물에 빠지지도 않고 물 위에 어떤 자국도 남기지 않고 그 위를 쏜살같이 달렸다.

산에서 새소리가 들리자 자동차는 흙으로 올라갔다. 한참을 달렸더니 좁은 오솔길이 나왔다. 앨을 만나러 갈 때 달렸던 그 길이었다. 교실지기는 건하를 처음 만났던 반달 공원에 내려 주었다.

"카드는 돌려줄래?"

건하가 주머니 속의 카드를 교실지기에게 건넸다. 검은 잉크는 어느새 말끔히 사라지고 없었다.

"그냥 가실 거예요?"

"응. 수업이 필요한 학생이 너무 많아서 말이야."

"저는 이제 어떻게 해요? 카드는 ㅇㄱㅎ 댓글을 쓴 범인이 저라고 했는데…… 쓰레기 고발장, 그거 제가 썼다고 고백해야 돼요?"

"그건 건하 네가 결정할 일 같은데."

"치, 괜히 물어봤어."

툴툴대면서도 건하는 교실지기의 말이 옳다고 생각했다. 문제를 풀어야 할 사람은 건하 자신이었다.

집에 돌아오자마자 건하는 휴대폰으로 반 카페에 접속했다. 얼마 뒤 전화벨이 요란하게 울렸다. 건하가 비밀 게시판에 '쓰레기 고발장을 쓴 사람입니다'라는 글을 올린 지 10분도 안 지나서였다. 전화기 속에서 민혁이의 목소리가 툭 튀어나왔다.

"야, 너 미쳤어? 이런 걸 뭐 하러 써?"

"뭘?"

건하는 짐짓 모른 체했다.

"그러니까 네가 쓰레기 고발장을 썼다는 거잖아. 네가 아는 쓰레기는 바로 너고. 결국은 네가 쓰레기라는 뜻이잖아."

"어휴, 그게 왜 그런 뜻이야? 다 꾸며 낸 말이잖아."

건하가 못마땅하게 대꾸했지만 민혁이는 듣지 않았다.

"ㅇㄱㅎ 댓글도 네가 쓴 거야? 너 진짜 솔직하다. 아니지, 솔직한 게 아니고 바보 같은 거지. 애들이 댓글에 뭐라고 썼는 줄 알아? 역시 오건하는 쓰레기였어. 돈 뺏는다는 말도 사실? 어이없다, 오건하……."

민혁이가 댓글을 줄줄이 읽어 주었다. 건하는 눈을 질끈 감으며 전화기를 귀에서 멀리 떨어뜨렸다.

"와, 대박! 이 댓글 좀 봐. 오건하의 용기를 칭찬합니다!"

건하는 전화기를 귀에 바짝 갖다 댔다.

"솔직한 고백만으로 건하는 쓰레기 탈출! 내 친구 건하는 절대 쓰레기가 아닙니다. 이건 내가 지금 쓴 거다. 계속 올라오네. 쓰레기 칭찬 글이. 아니, 내가 하는 말이 아니고 댓글이야, 댓글이 그래. 어, 이건 뭐야? 너는 쓰레기의 친구 강민혁이구나. 에이, 누구야?"

민혁이가 빽 소리를 냈다. 건하는 그제야 마음이 놓였다. 키득 웃음이 절로 났다. 건하가 전화기 건너편의 민혁이에게 말했다.

"어이, 쓰레기의 친구! 통화는 간단히. 이제 그만 끊자."

# 교실지기의 특별 수업

- 미디어의 세계사
- 책 속 인물, 책 속 사건
- 생각이 자라는 인문학

## 미디어의 세계사

우리는 미디어에 둘러싸여 살고 있어요. 미디어가 뭐냐고요? 예를 들어 볼게요. 아침에 일어나서 날씨가 궁금하면 텔레비전을 틀어서 일기 예보를 봐요. 도로에 차가 꽉 막혀 있을 때는 라디오를 틀어 교통 정보를 듣고요. 좋아하는 아이돌 가수의 소식을 알고 싶을 때는 인터넷으로 찾아보기도 하지요. 친구들과 인터넷 카페나 휴대폰 채팅방을 만들어 글이나 사진, 동영상을 주고받기도 하고요.

예로 들은 텔레비전, 라디오, 인터넷 같은 것을 '미디어(media)'라고 해요. 우리말로 '매체'라고도 하지요.

미디어는 새로운 정보를 알고 싶거나 다른 사람과 의견을 나눌 때 이용하는 모든 도구를 말해요. 정보나 소식을 전해 주는 책, 전화, 잡지, 신문, 영화, 인터넷이 모두 미디어예요. 글자나 음악, 소리, 그림, 사진, 애니메이션 등도 미디어이지요. 어때요, 우리가 미디어에 둘러싸여 산다는 말이 실감 나지요?

미디어는 우리 생활에 큰 영향을 주어요. 미디어가 역사 속에서 어떻게 발달해 왔고, 세상을 어떻게 바꾸어 왔는지 함께 알아보아요.

## 인류의 가장 오래된 미디어는?

많은 학자들이 언어, 즉 말을 인류의 가장 오래된 미디어로 꼽아요. 맨 처음의 언어는 무서운 동물을 발견하거나 화가 났을 때 내지른 소리였을 거예요. 몸짓까지 해야 뜻이 더 잘 통했겠지요? 소리에서 출발한 언어는 간단한 단어 한두 개를 말하는 것으로 이어졌고 점점 더 많은 단어를 쓰면서 풍부해졌어요. 풍부한 언어는 인류의 생존에 큰 도움을 주었지요.

"지난번에 저쪽 산에 갔더니 사냥감이 많았어.", "맛있는 열매가 이쪽에 가니까 많더라.", "사냥할 때 따로 가지 말고 우리 다 함께 갈래?" 이런 이야기를 나누면서 필요한 정보도 얻고 사냥을 위한 공동 작전도 펼 수 있었으니까요. 현생 인류의 조상으로 불리는 크로마뇽인은 언어를 사용할 줄 알았어요. 말을 하면서 서로의 생각과 지식을 나눈 크로마뇽인은 지혜로워졌어요. 바늘을 이

라스코 동굴 벽화

용해 옷과 신발을 만들 줄 알았고 힘을 합쳐 사냥할 줄도 알았어요. 덕분에 혹독한 빙하기에도 살아남아 현생 인류의 조상이 되었지요. 크로마뇽인은 프랑스와 에스파냐의 동굴에 벽화를 그려 놓기도 했어요. 인류 최초의 예술 작품인 동굴 벽화도 오래된 미디어로 꼽힌답니다.

## 인류 문명을 발달시킨 미디어, 문자

말은 입에서 나오는 순간 흩어지고 말아요. 멀리 있는 사람에게는 들리지도 않지요. 그러나 문자를 발명해 쓰기 시작하면서 사람들의 말과 생각은 더 멀리 전해지고 오래 남게 되었어요.

쐐기 문자

문자는 기원전 3000년경, 메소포타미아 지역에 살던 수메르 인이 가장 먼저 발명했어요. 쐐기(물건의 틈에 박아 넣는 끝이 뾰족한 도구) 모양의 쐐기 문자로 점토판에 글을 썼지요. 또 고대 이집트 사람들은 그림 문자를 발명해 돌이나 나무에 기록을 남겼어요. 이집트의 그림 문자는 두 개 이상의 뜻으로 풀이되었어요. 예를 들어 오리 그림은 하나만 있으면 오리로 이

오리 그림(이집트 문자)

해했지만 오리 옆에 태양을 함께 그리면 '파라오 (고대 이집트의 왕)의 아들'을 뜻했어요.

고대 중국 은나라 사람들은 딱딱한 거북의 등딱지나 소의 어깻죽지 뼈에 글을 써서 점을 치는 데 썼어요. 고대 중국의 이 문자를 '갑골 문자'라고 불러요. 가장 오래된 한자라고 할 수 있지요.

문자는 인류 최고의 발명품 가운데 하나로 꼽혀요. 문명이 발전하는 데 크게 이바지했기 때문이에요. 사람들은 문자를 이용해 지식과 정보를 남겼어요. 후대 사람들은 조상들이 남긴 기록을 보면서 과학, 문화 등 사회의 모든 분야를 발전시켰어요.

**갑골 문자**

### 중세 사회를 변화시킨 미디어의 혁명, 인쇄술

문자를 발명한 뒤 사람들은 돌, 파피루스, 양피지, 죽간(대나무를 얇게 쪼개 만든 것), 종이 등에 글을 써서 책을 만들었어요. 인쇄 기술이 없던 옛날에는 책을 만들려면 손으로 일일이 베껴 써야 했어요. 그러다 보면 글씨를 잘못 쓰거나 빼놓고 쓰는 일도 많았고 책을 만드는 시간도 오래 걸렸어요. 책값은 집값하고 맞먹을 정도로 비쌌지요.

그러나 인쇄술이 발명되면서 똑같은 책을 대량으로 펴낼 수 있게 되었어요. 돈 많고 권력 있는 사람만 볼 수 있던 책을 누구나 읽을 수 있게 된 것이에요. 책을 읽고 지식을 얻은 사람들은 사회에 자기 목소리를 내기 시작했지요.

중세 시대의 큰 사건으로 꼽히는 종교 개혁도 인쇄술의 영향을 크게 받았어요. 독일 사람 루터가 가톨릭 교회의 잘못을 비판하며 쓴 글(95개조 반박문)이 대량으로 인쇄되어 독일은 물론 유럽 전체로 퍼져 나갔어요. 루터의 책자를 읽은 사람들은 가톨릭 교회의 잘못을 비판하며, 루터가 주장하는 종교 개혁에 동의했지요.

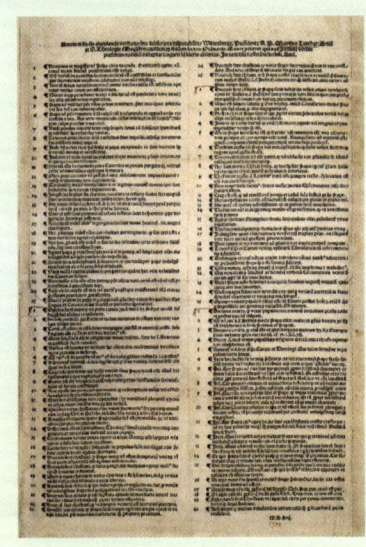
루터의 95개조 반박문

인쇄술이 없었다면 루터의 주장은 그토록 빨리, 또 널리 퍼질 수 없었을 거예요. 사람들의 관심도 끌지 못했겠지요. 인쇄술의 발명과 발달이 지식과 정보를 널리 퍼트리며 대중의 목소리를 더 크게 만든 셈이에요.

## 매스 미디어의 시작, 신문

인쇄술이 발달하자 눈치 빠른 인쇄업자들은 정치나 교회 뉴스를 모아 신문을 만들었어요. 사람들은 늘 새로운 소식을 궁금해했기에 돈을 주고 신문을 사 보았지요.

일주일에 한 번씩 나오는 주간 신문은 1600년대 초 독일에서 처음 선보였어요. 날마다 발행하는 일간 신문은 1660년 독일에서 발간한 〈라이프치거 차이퉁겐〉이 처음이에요. 이 신문 이후에 영국 등에서도 일간 신문이 나왔어요.

산업 혁명이 일어나고 교통과 통신이 발달하자 신문도 크게 발전했어요. 신문사는 통신 수단을 이용해 멀리 떨어진 곳의 소식도 발 빠르게 취재했어요. 이런 소식을 담은 신문은 빠른 교통망을 이용해 전국으로 퍼져 나갔고요. 한꺼번에 여러 사람에게 소식을 전하는 대중 매체, 즉 매스 미디어가 탄생한 것이지요.

오늘날에는 여러 미디어가 발달하

라이프치거 차이퉁겐

면서 인쇄 신문의 영향력이 예전 같지 않아요. 요즘에는 인쇄 신문보다는 인터넷을 통해 신문을 보는 사람들이 많아졌지요. 그러나 신문은 진실을 알리고 더 나은 사회를 만드는 데 앞장서는 언론으로서, 여전히 중요한 자리를 차지하고 있어요.

### 대중문화를 발달시킨 미디어, 라디오

1840년대에 발명된 전신은 문자나 숫자를 전기 신호로 바꾸어 전파나 전류를 통해 정보를 주고받는 통신 방식이에요. 모스가 발명한 '모스 부호'와 전신기를 통해 먼 곳까지 빠르게 소식을 전할 수 있었지요.

그 뒤 사람들은 신호가 아닌 목소리를 멀리 보내는 일에 관심을 가졌어요. 라디오 기술이 발명되었고 1920년 11월, 미국에서 라디오 방송국 KDKA가 문을 열었어요. 마침 그날은 미국의 새로운 대통령을 뽑는 날이라 방송국은 선거가 끝난 뒤에 개표 방송을 했어요. 방송 중간에 축음기로 음악도 내보냈지요. 마침내 결과가 나왔어요.

**최초로 상용화된 라디오**
Regency TR-1

"하딩의 당선입니다. 미국의 29대 대통령은 하딩입니다!"

사람들은 라디오가 전하는 빠른 뉴스에 무척이나 놀랐어요. 라디오가 없었다면 다음 날 신문이 나온 뒤에야 새로운 대통령이 누구인지 알았을 테니까요.

라디오는 세계 경제가 어려움에 처했을 때 특히 큰 인기를 끌었어요. 1929년, 미국에서 시작한 경제 위기가 전 세계를 수렁에 빠트리게 된 대공황이 일어났어요. 기업과 은행은 줄줄이 망하고 사람들은 일자리를 잃었지요. 영화나 연극을 즐기던 사람들은 돈이 들지 않는 라디오에서 즐거움을 찾았어요. 라디오는 점차 대중(많은 사람)에게 소식을 빨리 전하고 즐거움을 전하는 미디어로 자리 잡았지요. 라디오에서 나오는 음악이나 드라마 같은 대중문화도 함께 발달했어요.

대공황 시기에 라디오를 듣는 소녀

### 지구를 마을로 만든 미디어, 텔레비전

텔레비전 방송은 1930년대 중반에 독일, 영국 등에서 본격적으로 시

**최초의 대량 생산 텔레비전, RCA_630-TS**

작됐어요. 그러나 곧 제2차 세계 대전이 벌어지면서 중단되었어요. 전쟁이 끝나고 1950년대에 컬러 방송을 하면서 텔레비전은 사람들의 관심을 받게 되었지요.

1953년 영국에서 엘리자베스 여왕의 대관식이 열렸어요. 영국의 방송사 BBC는 여왕의 대관식을 전 세계에 중계방송했어요. 사람들은 텔레비전의 힘에 놀랐어요. 먼 나라의 일을 집 안에서 텔레비전으로 생생하게 볼 수 있다니, 세계가 가까운 이웃 마을처럼 느껴지는 순간이었지요.

라디오는 귀로 들을 뿐이지만 텔레비전은 눈으로도 볼 수 있는 시청각 미디어예요. 화려하고 사실적인 영상은 사람들을 사로잡았어요. 텔레비전은 드라마, 코미디, 음악 등 오락 프로그램을 방송하면서 대중문화를 더욱 빠르게 퍼트렸어요. 그러나 있는 그대로를 다 보여 주고 재미만을 내세우기도 해서, 상상력을 펼치거나 생각할 기회를 빼앗는다는 비판도 있어요. 텔레비전이 '바보 상자'라고 불리는 것은 그런 이유 때문이지요.

## 모두가 주인공이 되는 소셜 미디어

1990년대에 인터넷 시대가 열리면서 미디어 환경에도 큰 변화가 일어났어요. 이제까지 대중문화를 책임지던 신문, 잡지, 라디오, 텔레비전 등은 올드 미디어가 되었어요. 그와 반대로 인터넷, 휴대 전화, 디지털 TV 등이 새로운 미디어, 즉 뉴 미디어로 등장했지요.

뉴 미디어는 사회를 빠르게 바꾸었어요. 사람들은 누구라도 방송을 하고 뉴스를 만들어 낼 수 있어요. 직접 만나지 않고도 이야기를 나눌 수 있고, 어디로든 빠르게 정보를 보낼 수 있지요.

특히 사람들은 인터넷을 바탕으로 새로운 공간을 만들기 시작했어

요. 블로그에 자기 이야기와 사진을 올리고 인터넷 카페를 만들어 친한 사람들과 어울려요. 동영상을 만들어 인터넷 사이트에 올리기도 하고 소셜 네트워크 서비스에서는 낯선 사람과 친구를 맺어요. 이처럼 새로운 관계를 만들어 주는 인터넷 속의 미디어를 소셜 미디어라고 불러요. 스마트폰이 널리 퍼지면서 언제 어디서나 인터넷에 손쉽게 접속할 수 있게 되자 소셜 미디어는 더욱 크게 발달했어요.

소셜 미디어에서는 누구라도 주인공이 될 수 있어요. 자기 모습을 널리 알리기도 하고, 1인 방송도 하고, 주변에서 벌어진 사건이나 사고를 뉴스로 재빨리 만들 수도 있지요. 정보를 만들고 누릴 기회가 누구에게나 활짝 열려 있는 것이에요. 하지만 모르는 사람에게도 사생활이 그대로 드러날 수 있고, 가짜 뉴스처럼 잘못된 정보가 걷잡을 수 없이 퍼지기도 하지요. 소셜 미디어에 지나치게 빠져 지내는 것도 바람직한 일은 아니에요.

# 미디어, 어떻게 이용할까?

## 뒤러의 호소

"라이몬드가 제 판화 작품을 베끼고 있으니 부디 막아 주세요."

1506년 무렵, 독일의 화가이며 판화가인 알브레히트 뒤러가 이탈리아에 와서 법원에 호소했어요. 이탈리아 사람인 라이몬드가 뒤러의 작품을 그대로 베껴 팔며 돈을 벌었기 때문이에요. 인쇄술이 발달하면서 유럽에서는 판화라는 새로운 미디어가 나타났어요. 판화는 똑같은 작품을 무제한으로 찍어 낼 수 있었어요. 라이몬드는 그 당시 유명 화가들의 미술 작품을 판화로 만들어 팔면서 재미를 톡톡히 보았어요. 뒤

뒤러의 동판화, 〈기사, 죽음, 악마〉

러의 작품도 유럽에서 큰 인기를 끌던 터라 라이몬드가 그대로 베껴서 판매했던 것이지요.

법원의 판결은 어땠을까요? 뒤러의 상표만 뺀다면 작품을 계속 베껴도 괜찮다고 했대요. 뒤러는 자기 이름에서 딴 알파벳 A, D를 상표로 만들어 작품에 넣었는데 라이몬드는 그것까지 똑같이 따라했거든요.

뒤러의 호소는 요즘으로 치자면 저작권을 보호해 달라는 것이었어요. 저작권은 작품을 만든 사람의 고유한 권리를 말해요. 미술, 책, 사진, 음악, 영화, 연극, 만화, 게임 등 모든 창작물은 법으로 저작권을 보호받고 있지요. 물론 그때는 저작권이라는 말도 없었고 그 권리를 보호해야 한다는 생각도 없었어요. 미술뿐 아니라 출판에서도 인쇄 기술의 발달을 이용해 책을 몰래 인쇄하는 일이 자주 일어났지요. 피해를 입은 사람들은 이런 일을 막아 달라고 요구했어요. 1710년, 영국의 앤 여왕은 '저자가 동의하지 않으면 어떤 것도 출판할 수 없다'는 내용이 담긴 저작권법을 만들었어요. 우리나라도 1908년부터 저작권을 법으로 보호하고 있어요. 모든 창작 미디어는 개인이 힘써서 만든 '지적 재산'이에요. 몰래 쓰거나 남에게 빼앗길 수 없다는 것, 미디어를 이용할 때마다 떠올려야 할 사실이에요.

### 괴벨스의 입

'히틀러를 영웅으로 만들어야 해. 그러려면 언론을 정부가 마음대로 연주해야겠군.'

1933년, 히틀러 정부의 선전 장관이 된 괴벨스는 언론을 손에 넣기로 마음먹었어요. 비판적인 신문을 없애고 나치에 도움이 되지 않는 책은 한곳에 모아 불태웠지요. 괴벨스는 무엇보다 라디오에 주목했어요. 괴벨스는 라디오로 히틀러와 나치 정부를 '선전'하기로 마음먹었어요. 어디서나 라디오를 들을 수 있게 길거리와 광장에 스피커를 달았고, 값싼 라디오를 만들어 누구나 사게 만들었어요. 몇몇 사람은 이런

**책을 불태우는 나치**

라디오를 나눠 주는 나치

연설하는 괴벨스

라디오를 '괴벨스의 입'이라 부르며 비판했어요.

'괴벨스의 입'에서는 히틀러의 연설이 흘러나왔고, 정부를 찬양하는 뉴스와 드라마가 방송되었어요. 그때 독일은 경제가 매우 어려웠어요. 제1차 세계 대전에서 패해 막대한 배상금을 물어야 했고, 미국에서 시작된 경제 위기의 파도를 피할 수 없었지요. 사람들은 히틀러가 독일을 구할 것이라고 믿고 응원했어요. 히틀러의 유대인 학살에 눈을 감았고 히틀러가 벌인 제2차 세계 대전에도 기꺼이 참가했어요. 세계를 불행에 빠트린 일이었지요. 그러나 독일은 또다시 전쟁에 패했고 히틀러와 괴벨스는 스스로 세상을 등졌어요. 며칠 뒤 '괴벨스의 입'은 독일이 항복했다는 특별 소식을 전해야만 했어요.

괴벨스 이야기에서 알 수 있듯이 미디어는 누군가 '특별한 목적'을 가지고 사용할 수 있어요. 오늘날에도 마찬가지예요. 우리가 미디어를 무조건 믿기보다 조금은 비딱하게 보아야 하는 이유가 여기 있어요. 미디어는 반드시 진실만을 말하지는 않아요. 역사를 배경 삼아 만든 드라마나 영화도 재미를 위해서 다른 이야기를 꾸며 넣을 때가 많아요. 뉴스도 만드는 사람의 주장과 생각을 담기 마련인데, 이와는 주장과 생각이 다른 사람도 많겠지요? 제품 광고는 아예 드러내 놓고 좋은 점만 강조해요. 따라서 미디어를 대할 때는 무조건 믿지 말고 비판적인 눈으로 꼼꼼히 따져 볼 필요가 있어요. 어떤 속뜻을 품고 있는지도 곰곰이 생각해 보아야겠지요.

### 어느 날, 소셜 미디어에서 생긴 일

"아프리카로 가는 중. 에이즈에 걸리지 않았으면 좋겠어. 농담이야. 난 백인인걸."

2013년 어느 날, 미국인 저스틴은 남아프리카공화국으로 가는 비행기에서 소셜 미디어에 이런 글을 쓰고 긴 비행 시간 동안 휴대폰을 껐어요. 그사이 누군가가 저스틴의 글을 다른 곳에 옮기면서 널리 널리 퍼졌어요. 미국 사회가 한바탕 소동에 휘말렸지요.

"에이즈는 아프리카의 흑인이나 걸린다고 말하다니. 끔찍한 인종 차별주의자!"

사람들은 저스틴을 비난하며 저스틴의 과거를 뒷조사하고 저스틴에 대해 헛소문을 퍼트렸어요. 저스틴이 다니는 회사의 소셜 미디어에 저스틴을 해고하라는 글을 쓰기도 했지요. 소동이 일어나고 얼마 뒤 저스틴은 회사에 그만 나오라는 연락을 받았어요.

저스틴 사건은 소셜 미디어가 요즘 사회에 얼마나 큰 영향을 미치는지, 또 어떤 특징과 문제점을 갖고 있는지를 보여 주고 있어요.

소셜 미디어에 쓴 글은 원하지 않아도 재빨리 퍼질 수 있어요. 글을 읽은 사람들은 자기 생각을 주저 없이 표현하지요. 그러다 보니 농담으로 한 말이 사회 문제가 되기도 해요. 많은 사람이 사회 문제를 토론해 보는 기회를 제공하는 효과도 있을 거예요. 그러나 평범한 사람의 말을 문제 삼아 마녀사냥 하듯 모두 공격하는 게 과연 옳은 일인지는 따져 볼 필요가 있어요. 소셜 미디어에 글을 쓸 때는 한 번 더 생각하고 조심하는 것도 잊지 않기로 해요. 소셜 미디어에 글을 올리는 순간, 그것은 나만의 글이 아니라 세상에 드러난 정보가 되기 때문이에요.

하나 더! 소셜 미디어 속의 많은 정보 속에서 '진짜'를 골라내는 눈도 키워야 해요. 소셜 미디어 속에는 유익하고 따뜻한 소식도 많지만 가짜 뉴스, 틀린 정보도 그만큼 많이 떠돌고 있답니다.

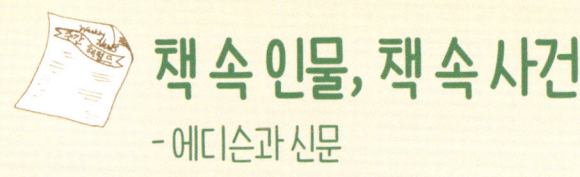
# 책 속 인물, 책 속 사건
- 에디슨과 신문

## 발명왕 에디슨이 신문을 만들었다고?

네, 맞아요. 에디슨은 어린 시절에 기차 안에서 신문을 만든 적이 있어요.

토머스 앨바 에디슨(Thomas Alva Edison)

에디슨이 3개월 만에 학교에서 쫓겨났다는 것은 널리 알려진 사실이에요. 호기심 많은 에디슨은 엉뚱한 질문을 하기 일쑤였고 선생님은 그런 에디슨에게 바보라고 화를 냈어요. 그러나 어머니 낸시의 생각은 달랐어요.

"앨은 절대 바보가 아니에요! 이제부터는 내가 앨을 가르치겠어요." 이렇게 말하며 에디슨을 학교에 보내지 않았어요. 아! 앨은 가족들이 부르는 이름이었어요. 에디슨의 원래 이름은 토머스 앨바 에디슨(Thomas Alva Edison)인데 가족들은 줄여서 '앨'이라고 불렀지요.

에디슨은 열두 살이 되면서부터 일을 해서 돈을 벌었어요. 마침 에디슨이 살던 포트휴런에서부터 큰 도시인 디트로이트까지 철도가 놓였는데, 이 기차를 타고 다니며 신문과 사탕, 간식 등을 팔았어요. 에디슨은 장사에 소질을 보였어요. 남북 전쟁이 벌어졌을 때는 전신을 이용해서 신문을 더 많이 팔았어요. 에디슨은 기차역의 역장들에게 전신으로 받은 짧은 전쟁 소식을 칠판에 써 달라고 부탁했어요. 그것을 읽고 궁금증이 커진 사람들은 앞다퉈 신문을 샀지요.

에디슨은 신문을 파는 데 그치지 않고 직접 신문을 만들기도 했어요. 열다섯 살 되던 해, 기차 화물칸에 낡은 인쇄기를 들여놓고 혼자서 신문을 만들었어요. 그것이 바로 〈주간 헤럴드(The Weekly Herald)〉예요. 〈그랜드 트렁크 헤럴드(Grand Trunk Herald)〉로 불렸다는 기록도 있어요. 에디슨은 신문에 기차역에서 벌어진 일, 기차 시간표, 기차역의 일꾼 소식, 디트로이트 시장의 물가 등을 실었어요. 기차 승객들

포트휴런에 있는 에디슨 동상

에게 꼭 맞는 맞춤 기사를 실은 셈이에요. 손수건 크기만 한 에디슨의 신문은 큰 인기를 끌었어요.

그러나 〈주간 헤럴드〉는 몇 달 만에 발행이 중단되었어요. 기차 안에서 일어난 화재 사건 때문에 인쇄기가 고장 나 버렸기 때문이에요. 에디슨은 얼마 뒤 친구와 함께 새로운 신문 〈폴 프라이〉를 만들었어요. 〈폴 프라이〉에는 다른 사람의 소문이나 개인적인 이야기를 실었어요.

그런데 얼마 뒤, 신사 한 사람이 찾아와 멋대로 자기 이야기를 실었다며 화를 펄펄 냈어요. 화가 난 신사는 에디슨을 인근 강물로 던져 버렸어요. 그 일을 겪고 나서 에디슨은 남의 이야기나 싣는 신문은 더 이상 만들지 않기로 결심했지요. 바로 그해부터 에디슨은 마운트 클레멘스 역의 매켄지 역장에게 전신을 배우기 시작했어요. 몇 해 뒤에는 미국에서 제일 큰 전신 회사에서 일하게 되었어요. 전신 기사로 일하면서도 연구와 실험을 계속하던 에디슨은 회사를 그만두고 발명가의 길을 걷기로 결심했어요. 에디슨은 첫 번째 발명품인 전기 투표 기록기를 시작으로 전신기, 축음기, 발전기 등 수많은 발명품을 세상에 내놓으며 발명왕으로 불리게 되었어요. 그러나 에디슨에 대해서는 비판의 목소리도 많아요. 다른 사람의 발명품을 살짝 고쳐서 특허를 낸 일이 많기 때문이에요. 우리가 에디슨의 발명품으로 알고 있는 전구도 사실은 에디슨이 처음 발명한 것은 아니에요. 에디슨은 초창기의 전구가 갖고 있는 문제점을 개선하여 오랫동안 빛을 낼 수 있는 탄소 필라멘트를 사용한 전구를 발명했지요.

### 미디어를 발명한 에디슨

이런저런 비판이 있지만 에디슨은 뛰어난 발명가로 활동하며 미디어도 여럿 발명했어요. 대표적인 것이 1877년에 발명한 축음기예요. 에디슨은 축음기에 '포노그래프'라

포노그래프

107

키네토스코프                                    시네마토그래프

는 이름을 붙였어요. 커다란 나팔 모양의 관으로 소리를 모으고 다시 내보내는 '소리를 저장하는 기계'였어요. 에디슨은 사람의 목소리를 듣기 위해 축음기를 발명했지만 사람들은 음악을 듣는 데 축음기를 더 많이 썼어요. 축음기 덕분에 대중음악이 크게 발전했지요.

한편 에디슨은 조수인 윌리엄 딕슨과 함께 움직이는 영상을 보는 기계 '키네토스코프'를 발명했어요. 동전을 넣고 상자 위의 구멍으로 들여다보면 권투 경기나 서커스 사진이 빠르게 돌아가면서 움직이는 모습을 볼 수 있었지요. 오늘날의 영화처럼 여러 사람이 동시에 보는 것이 아니라 한 사람만 영상을 볼 수 있었어요.

  이 기계는 프랑스의 뤼미에르 형제에게 영감을 주었어요. 뤼미에르 형제는 키네토스코프를 연구해 촬영도 하고 영상도 볼 수 있는 '시네마토그래프'를 만들었어요. 뤼미에르 형제는 이 기계로 기차가 도착하는 장면을 촬영해 파리에서 상영했어요. 사람들에게 돈을 받고 상영한 첫 번째 영화였지요.

## 생각이 자라는 인문학

1. 비밀 카드에 검은 잉크가 나타난 때는 언제, 언제였는지 써 보세요.

2. 뉴 볼티모어 역에 새로 온 역장은 건하에게 "내게도 물어봤으면 공정한 기사가 됐을 텐데."라고 말합니다. 신문 기사는 왜 공정하게 써야 하는지 여러분의 생각을 정리해 보세요.

3. 〈풀 프라이〉를 만들 때 건하는 신문은 사람들에게 도움이 되는 소식을 실어야 한다고 주장했어요. 그러나 앨의 친구인 빌은 재미를 주는 것도 도움이라고 말했지요. 여러분은 누구의 생각에 더 공감하나요? 그 이유는 무엇인가요?

4. 건하는 교실지기와 헤어진 뒤 '쓰레기 고발장을 쓴 사람입니다'라는 글을 게시판에 올립니다. 건하는 글을 어떻게 썼을까요? 여러분이 건하의 입장이 되어서 대신 써 보세요.